원하는 삶이 어떻게 일이 되는가

원하는 삶이
어떻게
일이 되는가

3040 직장인의 두 번째 진로 상담

정연식 지음

ⁱℕ 더난출판

/ C O N T E N T S /

프롤로그 – '원하는 일'을 넘어 '원하는 삶'을 찾아가는 직장인들의 이야기   ...006

PART 1
쉼 없이 질주하는
직장인

1장 **나만의 일_** 남들과 똑같은 회사원이길 거부하는 당신에게   ...011

2장 **경력개발_** 뒤늦게 경력개발을 시작하는 직장인을 위한 지혜   ...023

3장 **승진_** 출세의 사다리, 어디까지 타고 오를 수 있을까   ...033

4장 **전문가_** 무엇이 업계 최고를 만드는가   ...045

5장 **임원의 자격_** 좋아하는 일만 찾아서는 임원이 될 수 없다   ...056

6장 **평생현역_** 나는 언제까지 현역으로 일할 수 있을 것인가   ...068

PART 2

벼랑 끝에 선
직장인

7장 대화와 소통_ 진솔한 대화가 어려운 직장인들을 위하여   ...083

8장 어학의 늪_ 영어, 꼭 배워야만 할까   ...095

9장 경험과 학습_ 백 권 읽는 것이 한 번 해보는 것만 못하다   ...107

10장 실패와 재기_ 실패란 넘어진 뒤 다시 일어서지 않는 것   ...118

11장 스펙과 스토리_ 정규직 아니어도 실력으로 인정받을 수 있다   ...130

12장 퇴직 준비_ 제2의 커리어, 어떻게 찾아갈 것인가   ...142

PART 3

일과 삶의 균형을 찾는
직장인

13장 안정과 모험_
승진에 올인할 것인가, 원하는 미래로 나아갈 것인가   ...157

14장 일과 가정_ 둘 중 하나만 선택해야 한다는 법은 없다   ...169

15장 소소한 행복_ 그냥 평범하게 사는 게 어때서   ...182

16장 꿈과 취미_ 그 옛날의 꿈이 못내 아쉬운 직장인들을 위하여   ...194

17장 여가생활_ 휴가, 나를 바꾸고 앞날을 바꾸는 여행의 시작   ...207

18장 경제적 자유_ 노후의 꿈에 필요한 액수에 대해   ...219

'원하는 일'을 넘어 '원하는 삶'을 찾아가는 직장인들의 이야기

"지금 일하는 분야에서 최고 전문가가 되고 싶은데, 무엇부터 시작해야 할지 잘 모르겠습니다.""연봉도 높고 가정에도 충실할 수 있는 그런 부서 어디 없나요?""퇴직한 뒤에도 평생 일을 하려면 어떤 준비가 필요한가요?"

1:1 상담을 통해, 또 교육장에서 만나는 3040 직장인 중에서 성공으로 내달리는 법을 묻는 사람은 의외로 많지 않다. 그들의 고민은 일과 직장에 국한되지 않고, 대개 일상과 커리어를 포함한 삶 전체를 관통한다. 직장, 가정을 비롯한 모든 곳에서 겪은 경험을 통해 배움을 얻고 성장하길 바라는 마음이다. 나는 이 책을 통해 그들에게 3가지 관점에서 희망의 메시지를 건네고 싶다.

첫째, 평생이라는 시간적(lifelong) 관점이다. 보통의 직장인은 20대

중후반에 취업하여 약 25년 뒤인 50세 전후에 퇴직하며, 그로부터 25년쯤 지나면 일을 완전히 그만두게 된다. 현 시대가 100세 시대임을 감안하면 그 뒤로도 25년 정도는 더 살게 된다. 이 같은 인생의 장기적 사이클을 알면 현재가 가장 중요함을 더욱 절실히 깨닫게 된다. 그렇기에 지금의 일이 '원하는 삶'의 가장 결정적인 힌트가 된다. 이 책을 통해 그 힌트를 찾으면 좋겠다.

둘째, 삶과 일을 통해 추구하려는 깊이의(lifedeep) 관점이다. 임원이 목표인 사람은 직장에서, 전문가가 목표인 사람은 시장에서 인정받기를 바란다. 한편, 요즘은 평범한 시민으로 살아가고자 하는 직장인도 늘고 있다. 임원이나 전문가를 목표로 하는 이들이 자기 '업(業)'에서의 성공에 삶의 초점을 맞춘다면 평범한 시민을 꿈꾸는 이들은 심리적 성공, 즉 일상의 행복에 더 관심이 많다. 그것이 스스로가 원하는 삶의 깊이가 되는 것이다. 세 경우 모두 자신이 원하는 삶의 모습을 더 생생히 그리는 만큼 자신에게 맞는 일과 목표를 자연스럽게 발견할 수 있을 것이다.

셋째, 경험이라는 공간적(lifewide) 관점이다. 이 시대의 3040 직장인들에게 가정은 직장 못지않게, 어쩌면 직장보다 더 중요한 공간으로 자리매김하고 있다. 일과 가정의 균형을 도모하는 것이다. 이는 자연스레 일과 여가의 균형에 대한 관심으로 이어진다. 따라서 그들의 심리적 공간은 업무의 틀에 갇히지 않는다. 취미, 봉사활동을 통해 자기 내면을 발견하고 가꾸는 개인심리적 공간, 그리고 친구나 동료들과의 관계를 단단히 만들어가는 사회심리적 공간으로 확장되어 있다. 이처럼 여러 가지로 흩어진 삶의 공간을 통합할 때 삶이 더욱 보람되고 풍성해질 수 있음을 이 책을 통해 알게 된다면 좋겠다.

　사랑하는 아내에게 고마움을 전한다. 세 아이들에게 삶과 일의 지혜를 전하며 사랑한다고 말해주고 싶다. 작은 아이디어를 하나의 책으로 탄생시켜준 더난출판에 감사한다. 이 책을 읽는 독자들의 일과 삶에도 희망이 싹틀 수 있기를 소망한다.

PART 1

쉼 없이 질주하는
직장인

1장

나만의 일
남들과 똑같은 회사원이길
거부하는 당신에게

뾰족한 사람이 되고픈 이 팀장

■　　　　모 대기업 팀장들을 대상으로 성과-커리어 코칭
워크숍을 진행한 적이 있다. 나는 여기서 요즘은 평생 직장도, 평생
직업도 없으니 팀장들이 소속 직원들을 제대로 코칭해야 좋은 팀장
이 될 수 있다고 강조했다.

워크숍 후에 이 팀장이 나를 찾아왔다. "평생 직장은 없다고 저도
생각합니다. 그래서 평생 직업을 가져야겠다고 고민 중이었는데, 코
치님이 평생 직업도 없다고 하시니 어떤 일을 어떻게 해야 하나 싶
어 혼란스럽네요." 그는 계속 말을 이어갔다. "직책으로는 임원이 되
는 것, 직무로는 시장에서 팔리는 사람이 되는 것, 그리고 무엇보다

자신의 일에 만족하는 사람이 되는 것이 목표였습니다." 그는 나와 질문을 주고받으며 자신의 생각도 하나씩 정리해갔다.

"저는 이 회사든 저 회사든 한 곳에 얽매이지 않고 임원으로 일하고 싶었습니다. 시장에서 나의 일로 인정을 받는 것이지요. 그리고 일에서도 만족을 얻고 싶었습니다. 제게 만족이란 누가 봐도 잘했구나 하며 인정받는 것이고 가족에게나 친구들에게도 부끄럽지 않은 것입니다"라고 했다. 그는 큰 재산은 아니지만 먹고살 만큼의 상속도 받고 해서 경제적으로 큰 욕심은 없다며, 큰 문제없이 살면서 업무적으로 뾰족한 사람이 되고 싶다고 했다. 차별화된 전문가라는 의미의 '뾰족한 사람'이라는 말이 와 닿았다.

그는 "뾰족한 사람, 즉 차별화된 전문가가 되고 싶지만 그냥 '마케팅 전문가' 하면 너무 광범위한 느낌입니다. 그래서 브랜드, 유통, 요금 등 한 분야의 전문가인 마케팅 '땡땡' 전문가가 되고 싶습니다. 그런데 그 '땡땡' 부분에서 생각 정리가 잘 안 됩니다"라며 도움을 요청했다. 나는 그에게 이제까지의 업무 중 자랑할 만한 것 세 가지만 대보라고 했다. 그는 A 상품 런칭, B 캠페인, C 브랜드 런칭 이야기를 했다. 이야기를 하면서 어떤 생각이 드는지 물었다. 그는 "특정 분야를 잘한다기보다는 전체적인 역할을 했네요"라며 생각을 정리했다. 나는 마케팅 '땡땡' 전문가에 스스로 네이밍(naming)을 해보라고 격려했다. 그는 마케팅 '전략' 전문가라는 말이 뾰족하다는 생각이 든다고 했다. 이 단어가 마음에 든다고 좋아했다.

"마케팅 전략 전문가는 어떤 일을 하는 사람입니까?"라는 질문에 그는 여러 이야기를 해주었다. "그 이야기들에 공통적으로 들어가는 세 가지 동사는 무엇입니까? 혹은 팀장님이 일을 잘한다고 느껴질 때 무엇을 하고 있는지 세 가지 동사로 표현해볼까요?"라는 질문에 이 팀장은 '전체적인 그림을 그린다, 다른 사람들과 협력한다, 작은 것부터 실행한다'는 세 가지 표현을 찾았다. 그리고 각각을 '기획한다, 협력한다, 실행한다'는 동사로 정리했다. 나는 이 팀장에게 "팀장님이 평생 하고 싶어 하는 일은 기획하고, 협력하고, 실행하는 것입니다. 다른 동사들에는 가급적 신경 쓰지 말고 이 세 가지를 더욱 뾰족하게 다듬어가는 것이 좋겠네요"라고 조언해주었다.

내 말을 듣고 그는 업무 경험에서 나온 통찰력 있는 말을 내뱉었다. "코치님 말씀대로 일단은 자기 자랑을 하면서 자신이 잘하는 것을 네이밍하는 것이 중요하다는 생각이 듭니다. 무엇이든지 네이밍을 하고, 그 일을 직접 경험하면서 진짜로 만들어가는 것이지요. 또 기업의 핵심 역량을 활용하는 것처럼 한 사람의 핵심 능력을 활용하기 위한 세 가지 동사도 아주 좋은 것 같습니다. 제가 상품 기획이나 브랜드 런칭을 하면서 배운 지혜가 성과-커리어 코칭에서도 그대로 적용되다니 참 신기하네요." 진지했던 상담실이 웃음소리로 가득 찼다. "뾰족한 생각을 하실 줄 아는 팀장님이니까 그렇죠. 다른 사람 같으면 어림도 없죠."

자기만의 일을 찾기 위한
세 가지 노력

■　　　　　　　"어떤 일을 어떻게 해야 하지요?"라는 그의 질문은
동시대를 살고 있는 많은 직장인들의 질문이기도 하다. 코칭을 통해
내가 만난 직장인들은 자기만의 일을 찾기 위해 부단히 노력하고 있
다. 그 노력은 대개 세 가지로 요약된다.

첫째, 옆으로 이동하여 이직이나 부서 이동을 한다. 이직은 외적으
로는 더 많은 돈을 벌기 위해서지만, 내적으로는 자신에게 맞는 일을
찾기 위해서다. 같은 직무를 다른 회사에 가서 그대로 하는 경우도
많지만, 영업을 하던 사람이 기업 교육을 하기도 하고, 인사나 재무
를 하던 사람이 미용사가 되기도 한다. 이직이 사외 이동이라면 부서
이동은 사내 이동이다. 부서 적응이라는 어려움을 감수하고 영업 부
서에서 마케팅 부서로, 마케팅 부서에서 인사나 재무 부서로 이동하
는 것은 용기 있는 결단이다.

둘째, 깊이를 더해 전문가가 된다. 특히 입사한 지 몇 년 안 된 젊
은 대리들은 평생 직업에 대한 목마름이 크다. 그들은 의사, 변호사,
교수 등의 길로 가기 위해 지금이라도 직장을 그만두고 도전할 수
있는지 묻는다. 이 주제는 성과-커리어 코칭의 단골 주제다. 하지만
현실은 녹록하지 않다는 점을 알기에 자신이 현재 맡은 일에서 한
가지를 파고든다. 영업 전문가, 재무 전문가, 인사 전문가 등의 전문
가가 되기 위해 말이다. 그래서 대학원이나 스터디 그룹에 나가기도

생각을 성과로 이끄는 성공 원동력 20
실행이 답이다

이민규 지음 | 304쪽(양장) | 값 14,000원

실행력이 최고의 경쟁력이다!

모든 위대한 성취는 행동함으로써 이루어진다. 이 책은 미루기만 하고 좀처럼 실행에 옮기지 못했던 당신에게 '실행력' 부족을 개선하기 위한 사고방식과 실행 노하우를 친절하게 알려준다. 각각의 주제에 대해 실행과 관련된 문제 사례를 소개하고 실행을 방해하는 심리학적인 문제를 분석한 다음 그에 대한 해결책을 모색한다.

▶ 일본, 중국 수출

행복한 인간관계를 위한 셀프 리모델링 25
끌리는 사람은 1%가 다르다

이민규 지음 | 260쪽(양장) | 값 12,000원

100만 독자가 선택한 인간관계의 바이블!

오늘날 성공하는 데 가장 중요한 요소는 대인관계다. 이 책은 직장 동료나 고객, 상사 또는 친구, 가족 등 행복한 인간관계를 위한 25가지 비결을 소개하고 있다. 이미 100만 부 이상 팔린 최고의 베스트셀러로서 수많은 독자의 공감과 지지를 받고 있다.

▶ 2006 문화관광부 선정 '우수교양도서'   ▶ 일본, 중국, 대만 수출
▶ 〈책을만드는사람들(책만사)〉 2006 올해의 베스트셀러
▶ 2006 네티즌 선정 '올해의 책'   ▶ 〈삼성경제연구소〉 CEO 추천도서

심리학자 아버지가 아들에게 보내는 편지
지금 시작해도 괜찮아

이민규 지음 | 264쪽 | 값 13,000원

부모와 교사가 먼저 읽고 10대들에게 권하는 책!
20만 독자의 선택!

이 책은 더 행복하게 10대를 보내고 즐겁게 공부할 수 있는 방법을 담고 있다. 먼저 세상을 살아온 아버지가 사녀들에게 알려주고 싶은 효과적인 공부법을 비롯해 인생을 살아나가는 데 도움이 되는 이야기들로 가득하다. 학습 동기, 삶의 목표, 관점의 차이, 시간관리나 공부 방법 등에 대해 다양한 사례와 실험, 심리학적 근거를 바탕으로 구체적인 실천 방법을 제안한다.

SNS 시대 맷집 좋은 기업 만들기
유리턱

에릭 데젠홀 지음 | 이진원 옮김 | 208쪽 | 값 12,000원

SNS의 공격에서 당신을 구해줄 단 하나의 지침서!

미국 위기관리 업체의 CEO인 저자가 글로벌 기업들의 사례를 통해 SNS 시대에 가장 실용적이고 효과적인 위기관리의 해법을 제안한다. SNS로 인한 잠재된 리스크에 골머리를 앓고 있거나 향후 일어날지 모를 스캔들에 대비하여 단단히 맷집을 길러두고 싶은 모든 기업과 개인에게 위기관리의 가장 확실한 가이드북이 되어줄 것이다.

간결한 소통의 기술
브리프

조셉 맥코맥 지음 | 홍선영 옮김 | 264쪽 | 값 13,000원

보고, 회의, 이메일, 잡담… 한마디면 충분하다!

정보과잉시대를 타개할 새로운 기준으로 간결함을 제시한다. 간결함이 왜 중요한지, 어떻게 간결해질 수 있는지를 보여주며 낭비되는 말을 줄이고 간결함을 돋보이게 하는 방법을 알려준다. 저자가 제시한 방법을 따라가다 보면 아이디어를 다듬어 핵심만 추려내고, 이를 적절한 타이밍에 말하는 법을 배울 수 있다.

회사에서 통하는 사람 공부
김팀장은 왜 나한테만 까칠할까

윤태익 지음 | 280쪽 | 값 14,000원

모두 다 내 편으로 만드는 '맞춤형' 관계 해법!

대부분의 사람들은 '내 방식'대로만 남들을 대하려다 갈등을 겪고 오해를 일으키며 서로를 상처 입힌다. 서로의 '성격'이 어떻게 다른지 잘 알지 못해 일어나는 비극이다. 국내외 기업에서 강연과 경영 컨설팅을 진행하며 성격의 중요성을 강조해온 저자가 각양각색인 사람의 성격을 9가지 유형으로 정리하여 서로의 '다름'을 명쾌히 파악할 수 있게 돕는다.

의사에게 살해당하지 않는
47가지 방법

곤도 마코토 지음 | 이근아 옮김 | 240쪽 | 값 13,000원

이 책을 읽기 전에 절대 병원 가지 마라!

이 책을 통해 건강 정보를 원하는 독자들은 병원과 약을 멀리함으로써 보다 건강하게 살 수 있는 방법을 스스로 선택할 수 있으며, 불필요한 건강 검진과 예방 의학에 속아서 돈과 시간, 심지어 생명까지 바치는 환자들에게도 의사의 친절에 가려진 불편한 의료 현장의 진실을 속속들이 들려주는 내용을 담고 있다.

병 없이 건강하게 사는
100세 습관

이시하라 유미 지음 | 홍성민 옮김 | 240쪽 | 값 13,000원

아프지 않고 오래 살고 싶은 당신을 위한 책

자연 요법과 장수 비결 연구자로 유명한 이시하라 유미 박사가 100세까지 장수하는 사람들의 생활습관을 소개한 책! 건강하게 오래 살 수 있는 운동법과 음식, 식습관, 생활 습관 등을 실제 데이터와 도표를 통해 친절하게 설명한다.

전 세계 30여 개국
100만 독자들의
인생을 바꾼 책!

물은 답을 알고 있다

에모토 마사루 지음 | 홍성민 옮김
200쪽 | 값 10,000원

물은 답을 알고 있다2

에모토 마사루 지음 | 홍성민 옮김
224쪽 | 값 10,000원

하고 자격증이나 어학 공부에 열을 내기도 한다. 전문가가 되려면 평생 공부가 필수다.

셋째, 임원으로 승진한다. '누가 임원의 자격이 있을까?'라는 질문의 가장 기본적인 답변은 '회사에 대한 충성심이 강한 사람'이다. 이는 일을 깔끔하게 처리하는 능력, 야근이나 주말 근무 등을 포함하는 오랜 근무 시간, 상사에 대한 개인적인 충성 등을 포함한다. 이렇게 임원이 되기만 한다면 막강한 파워와 재정적 풍요로움을 누릴 수 있다. 또 임원은 법적으로 정년퇴직도 없다. 하지만 개인 생활이 거의 없고, 깨어 있는 시간의 대부분을 회사에서 보내야 한다는 것은 단점이다.

일에서 묻고 삶으로 답하라

■　　　　임원 되기는 하늘의 별따기보다 어렵지만, 이는 여전히 많은 직장인들의 목표 중 하나다. 임원이 되면 그 즉시 억대 연봉, 회사에서 제공하는 자동차와 비서, 법인카드 등으로 대표되는 경제적 풍요를 누리게 된다. 개인적인 생활은 전적으로 희생해야 하지만.

그러다 보니 일과 삶의 균형을 중시하는 젊은 직장인들의 목표는 임원에서 전문가로 옮겨가고 있다. 한 우물만 10, 20년 이상 판 다음 독립하여 컨설팅, 교육, 코칭 서비스를 제공하고 싶어 하는 사람이 많아지고 있다. 최근에는 책 쓰기 열풍까지 이어져 전문가가 되고자 하는 이들이 더욱 늘고 있다. 물질적 풍요 대신 좋아하는 일을 통한 사회적 인정을 추구하는 것이다.

사람들은 묻는다. "저의 목표를 무엇으로 잡아야 할까요?" 나는 답한다. "커리어뿐 아니라 삶 전체를 놓고 고민해보세요." 가족이나 인간관계, 취미 등도 고려하여 더 폭넓고 유연한 인생의 방향을 잡아가는 것이 중요하다. 일이 삶의 주요소이긴 하지만, 삶은 일로만 이루어진 것은 아니다. 내가 아는 어느 임원의 탄식처럼 "임원이라는 호칭은 얻었지만 가족 간의 행복한 추억은 하나도 없다. 이렇게 되리라곤 생각지도 못했다"고 후회하지 않기 위해서라도 말이다. 따라서 일과 삶을 '일상'이라는 단일한 영역으로 생각해야 한다.

임원은 회사 중심의 일상, 전문가는 평생 공부를 이어가는 일상을 보내는 것이 바람직하다. 그렇다면 일반 직장인은 어떤가? 그들의 일상은 다음과 같은 말들로 대변된다. "새벽같이 출근해서 밤늦게 집에 들어와 자는 아이들 얼굴 잠깐 보고 바로 침대로 들어가는 삶. 이게 한 가정을 책임진 가장의 일상 아닌가요?" "두 아들딸을 키우는 평범한 시민으로 사는 것도 성공한 삶 아닌가요?" "결혼 안 하면 어때요? 회사에서는 일하고, 퇴근 후에는 어린 시절에 배우지 못했던 피아노도 배우고, 주말에는 친구들 만나서 여행도 가고. 이런 게 행복 아닌가요?"

일이 나 자신을 결정하기도 하지만, 일상 또한 빼놓을 수 없는 삶의 큰 요소다. 커리어 뒤에 숨어 있는 삶의 목표도 함께 붙잡아야 성공한 인생, 행복한 삶이 아닐까? 임원이든 전문가든 평범한 시민이든 말이다.

MS 임원직을 포기한 존 우드

■　　　　　　존 우드는 세계에서 가장 빠르게 성장하는 마이크로소프트의 중국과 호주 지사 임원이자 책임자였다. 커리어로는 어느 정도 성공했다고 자부하던 그였다. 어느 날 바쁜 업무에서 벗어나 자신을 돌아볼 생각으로 네팔 여행을 떠났다. 그곳에서 파수파티라는 한 남자를 만나 네팔의 히말라야에 있는 초등학교를 방문했다. 흙으로 다져진 건물과 햇볕에 달아오른 함석지붕 때문에 교실 안은 푹푹 찌는 솥단지 같았다.

더 심각한 것은 도서관이었다. 그의 걸음을 멈추게 한 도서관은 텅 비어 있었다. 벽에는 낡아서 귀가 떨어진 세계지도 한 장만 달랑 붙어 있었고, 정작 어디에도 보이지 않았다. 그는 500명이 넘는 학생이 공부하는 도서관에 책이 없다는 사실에 마음이 아팠다. 그는 그 자리에서 책 수백 권을 야크 등에 싣고 다시 이곳을 방문하는 상상을 해보았다. 그러자 아이들의 웃는 모습이 떠오르며 마음이 들뜨기 시작했다.

그의 어린 시절에 대한 추억은 대부분 도서관에 관한 것이었다. 책을 좋아하던 그는 매일 밤 잠들기 전 동화책을 몇 번이나 다시 읽곤

했다. 10대에 접어들 무렵에는 아버지에게서 자전거를 선물 받았다. 그는 이 자전거로 주말마다 집에서 5킬로미터 떨어진 공공 도서관에 가서 책을 마음껏 보았다. 다행히 성적은 나쁘지 않아서 부모님은 그를 나무라지 않았다. 온 식구가 잠든 후에도 오직 그의 방에만 불이 켜져 있었고, 책장 넘기는 소리만이 정적을 깼다. 어린 소년에게 새로운 세상을 만날 수 있는 유일한 탈출구였기에 그는 책 없는 세상을 상상조차 할 수 없었다.

여행에서 돌아온 다음 그는 100여 명의 지인에게 이메일을 보내 히말라야에서 있었던 일을 알리고 책을 보내달라고 부탁했다. 얼마 뒤 그의 아버지가 답장을 보냈다. 도서 수집을 위한 미국 지부가 되어주겠다는 약속이었다. 집에 책이 매일같이 물밀듯 들어오고 있으니 어서 와서 그 책들을 정리하고 보내라는 것이었다. 그는 미국으로 날아가 아버지와 함께 약 3,000권의 책을 분류해 439킬로그램에 달하는 37개의 책 상자를 네팔로 보냈다.

그리고 마이크로소프트를 떠날 계획을 세웠다. 그런데 한 가지 마음에 걸리는 점이 있었다. "직업이 뭐죠?"라는 질문이었다. 그는 마음속으로 연습한 뒤 스스로에게 "무슨 일을 하시나요?"라고 물었다. "나는 도서관을 건립하는 작은 프로젝트를 진행합니다." 하지만 자신의 대답이 마음에 들지 않았다. 그리고 다시 답했다. "저는 네팔의 가난한 마을에 학교와 도서관을 지어줍니다." 이번에는 나쁘지 않았다. 아니, 마음에 들었다. 그는 똑바로 일어나서 정확하게 말해보았다. "저는 네팔의 가난한 마을에 학교와 도서관을 짓는 기관을 조직하고 경영합니다.”

결심이 서자 그의 삶은 자연스럽게 바뀌기 시작했다. ‘마이크로소프트를 조직하고 경영’하던 에너지가 ‘히말라야 도서관을 조직하고 경영’하는 프로젝트로 이동했다. 비용과 시간도 마찬가지였다. 그의 커리어가 정교하게 다듬어지고 있다는 뜻이었다. 그는 37개의 책 상자를 네팔에 전달한 뒤 미국으로 돌아와 본격적으로 후원자를 모집하기 위해 뛰어다녔다. 사람들에게 투자받은 돈으로 책을 보내기를 반복하면서, 그는 이대로는 자신의 가치를 실현하기 어렵다는 판단으로 마이크로소프트를 그만두었다. 커리어를 오로지 도서관에 집중하기 위해서였다.

마이크로소프트를 그만두고 룸투리드(Room to Read) 재단을 설립한 그는 네팔을 시작으로 베트남, 스리랑카, 인도 등 책이 필요한 지역에 학교와 도서관을 세우고, 컴퓨터 교실을 만들고, 소녀들에게 장학금을 지급하는 일을 해오고 있다. 그의 재단은 2018년까지 빌 클린턴 재단과 함께 도서관을 2만 개 이상 지을 예정이다.

그는 단순한 일이나 커리어의 관점을 넘어 삶 전체를 조망하며 목표를 정함으로써 성공적이고 행복한 삶을 살 수 있었다. 이 이야기를 듣다 보면 자연스럽게 이런 질문을 던질 수 있다. “삶 전체의 목표를 가지고 산다는 것은 어떻게 일을 하는 것이고, 또 어떤 생활을 한다는 것일까?” 이를 두 가지 관점에서 생각해보자.

현장에서 답을 찾아라

■   방향성과 목표가 정해졌다면 다음은 그에 걸맞은 실행이다. 그 핵심은 현장이고 현장의 핵심은 사람이다. 임원으로 방향을 잡은 사람은 광범위한 현장에서 상사나 이해당사자들을 설득하고, 협력을 요청하고, 그들과 소통한다. 그러니 그의 일상은 온통 일과 관련된 사람들 천지다.

전문가로 방향을 잡은 사람은 누구보다도 고객과의 만남과 소통을 게을리 하지 않는다. 그리고 고객이 원하는 솔루션을 찾기 위해 공부한다. 그러니 그의 일상은 가르치고 배우는 사람들에 둘러싸여 있다.

평범한 시민이 되고자 하는 사람은 일도 성실하게 수행하지만 일과 가정, 삶의 균형을 잡기 위해 가족과 지인들에게도 신경을 쓴다.

코칭을 하다 보면 자신의 방향성을 확실히 모르겠다며 혼란스러워하는 후배들을 종종 만난다. 그럴 때면 나는 "당신의 현장은 어디인가?" "당신이 주로 소통하는 사람이 누구인가?" 하고 묻는다. 방향성은 이 두 질문에 대한 대답으로 예측할 수 있다. 사내에서 이해당사자들과 소통하고 있다면 임원, 사내외를 가리지 않고 고객에게 초점을 맞추고 있다면 전문가, 가족이나 지인에게 초점을 맞추고 있다면 평범한 시민에 가깝다고 할 수 있다.

이처럼 실행은 거꾸로 방향성에 영향을 미치기도 한다. 그러다 보면 방향성도 더욱 구체화되고, 이렇게 구체화된 방향성은 실행력을 더욱 강화시키며 선순환을 만든다. 이것이 일의 성취와 삶의 충만감을 가져다주는 행복의 핵심 노하우다.

현장개발에 자기계발을 더하라

■　　　　자신의 방향성에 걸맞은 실행을 하고 있다면 여기에 자기계발을 더해보자. 자기계발은 현장개발과 대비되는 개념이다. 현장개발이 현장에 초점을 둔다면, 자기계발은 현장 밖에서도 현장의 연장선상에 있는, 저마다의 독특한 시간과 장소에 초점을 맞춘다.

임원이 목표인 사람은 늦은 저녁 시간에도 이해당사자들과 사무실이나 맥줏집 등에서 현장에서 다루지 못한 뒷이야기로 대화를 나누는 일상을 상상할 수 있다. 전문가가 목표인 경우면 이른 새벽부터 전문 지식을 쌓기 위해 집이나 사무실 등에서 노력하는 일상이 그려진다. 평범한 시민을 원한다면 집이나 피트니스 센터에서 가족이나 지인들과의 약속을 지키기 위해 동분서주하는 이미지가 떠오른다. 각자의 장소에서 현장개발을 지속하려는 노력이 자기계발인 셈이다.

실행의 중심은 역시 현장개발이다. 하지만 현장개발과 자기계발의 시너지 효과를 활용하면 일과 삶은 훨씬 수월하게 흘러간다. 99도의 물을 100도가 되어 끓어오르게 하는 것은 마지막 1도에 해당하는 자기계발이다. 100도에 비하면 1도쯤 별것 아니지만, 그 1도가 없으면 물은 끓지 못한다.

이 팀장의 마음으로 자신에게도 물어보자. '나는 어떤 방향성을 정해두고 있는가? 그 방향성에 맞는 현장개발을 하고 있는가? 또 현장개발의 연속으로 나만의 자기계발을 하고 있는가?'

2장

경력개발

뒤늦게 경력개발을 시작하는
직장인을 위한 지혜

늦깎이 신입사원
정 주임의 조급증

■   정 주임은 30대 초반의 신입사원이다. 서울의 한 유명 사립대 수학교육학과를 나와 교육부 고시를 3년 정도 준비했다. 하지만 뜻대로 되지 않았다. 아쉬움이 컸지만 3년이라는 기한을 두었기에 깨끗이 포기하고 취업문을 두드렸다. 그는 다행히 합격의 영광을 누릴 수 있었다. 그러나 입사 동기들은 몇 년의 경력 탐색기를 거칠 수 있었음에도 그에게는 그럴 시간이 없었다. 그는 조급한 마음이 든다며 코칭을 신청했다. 미래에 대한 전반적인 그림을 그리고 싶다는 것이었다.

정 주임은 경력 목표를 재무 전문가로 정했다. 숫자 감각에 밝은 자신의 적성에 잘 맞을 거라고 생각했기 때문이다. 선배들을 통해 임원과 전문가의 경력 경로는 다르다는 이야기를 듣고 그는 자신의 길이 전문가라고 결론 내렸다. 그 즉시 실행과 관련된 도움을 얻고자 나를 찾았던 것이다. 나는 그가 어떤 것을 실행하고 있는지 혹은 실행할 것인지 물었다. 그는 업무 습득도 자기계발도 열심히 하고 있었다. 공인회계사(CPA), 미국공인회계사(AICPA), 국제재무분석사(CFA) 등의 자격증 중 자기 진로와 가장 관련이 깊고 현실적으로 취득하기 용이한 국제재무분석사를 준비하고 있었다.

생각 정리를 돕기 위해 나는 "큰 목표와 작은 목표들을 구분해보라"고 했다. 나는 가로로 화살표 하나를 크게 그리고 큰 목표가 무엇인지 물었다. 그는 재무 전문가라고 답했다. 나는 화살표 중간에 세 개의 징검다리를 표기하고, 가장 먼저 이루어야 할 작은 목표를 물었다. 그는 국제재무분석사 자격증 취득이라고 했다. 그리고 두 번째와 세 번째는 각각 재무 부서로의 이동과 회사 지원의 MBA를 다녀오는 것이라고 했다. 이 그림을 보며 그는 자신이 찾던 것이 바로 이것이라고 반가워했다.

이 그림을 해석해보라고 했더니 정 주임은 이렇게 이야기했다. "국제재무분석사 자격증을 따고, 제가 원하는 재무 관련 부서로 이동하고, 회사에서 지원하는 MBA를 다녀오고, 경력을 쌓아 재무 전문가가 되겠다." 나는 이를 '~를 위한'이라는 말을 넣어 거꾸로도 해석해보라고 했다. 그는 "재무 전문가 준비를 위한 MBA, MBA 준비를 위한 부서 이동과 그곳에서의 경험, 부서 이동 준비를 위한 국제재무분석사 공부"라고 답했다. 두 생각의 차이가 무엇인지 물었다. 그는 앞의 생각은 순차적 생각이고, 뒤의 생각은 목적적 생각이라고 했다.

이 질문을 통해 정 주임은 목적과 실행의 연계성을 통찰했다. 그리고 지금 이 자리에서 실행해야 하는 것이 무엇인지 확실히 깨달았다. 그는 이 깨달음이 큰 힘이 된다고 했다. 이후의 일은 일사천리였다. 작은 목표들의 기한, 가장 우선적으로 실행해야 할 CFA 공부에 할애할 시간, 공부의 내용과 방법, 장소까지 단숨에 정해졌다.

정 주임은 사적으로는 결혼을 앞두고 있었다. 결혼 준비로 바쁜 나날이었지만 그는 공부를 게을리 하지 않는다고 했다. "첫 아이가 태어나면 더 정신이 없을 것 같아요. 그래서 1년 안에 CFA 자격증을 취득하는 게 목표입니다"라고 했다. "신혼의 재미를 즐길 여유도 없이 앞으로 달려가는 것에 대해 예비 신부와 어느 정도 이야기가 되었나요?"라는 나의 질문에 그는 "여자 친구는 아쉬워하지요. 그래도 이왕 할 거면 열심히 하라고 합니다"라며 미리 양해를 구해두었다고 했다. 코칭룸을 나서는 그와 나누는 악수에 나도 모르게 힘이 들어갔다. 마음에서 우러난 깊은 격려가 전달되기를 바라면서.

경력개발은 역량개발과
자기계발의 합

■   신입사원 시절은 일과 인생이 본격적으로 시작되는 초여름이다. 긴팔 옷을 벗고 반팔 옷을 꺼내 입고 달리기 시작하는 시점이랄까? 그런데 반팔 옷을 입은 신입사원들의 근육이 신입사원답지가 않다. 요즘은 신입사원들이 워낙 스펙이 좋아 흡사 경력사원 같다는 생각이 들 때가 많다. 그럼에도 그들은 정 주임처럼 앞날에 대한 고민이 많고, 가보지 않은 길에 대한 불안과 두려움으로 이런저런 마음고생을 한다. 이들의 고민은 크게 두 가지다.

하나는 목표다. 대부분의 신입사원은 최종목표를 CEO, 임원, 혹은 40세에 퇴직하여 자기 사업을 시작한 벤처 사장 등으로 둔다. 나름 큰 꿈이다. 하지만 중간목표에 대해서는 고개를 갸우뚱한다. CEO, 임원, 벤처 사장이 되기 위해 3년, 5년, 10년, 15년 후에 어떤 작은 목표를 이루어야 하는지 잘 모른다. 그래서 최종목표의 현실성이 떨어진다. 그래서 "현실이 그렇게 녹록치는 않아"라는 선배들의 충고를 듣고 포기하게 된다. 그들에게 가장 중요한 것은 첫 번째 중간목표를 성공적으로 달성하는 것이다. 작은 성공 경험이 앞으로의 중간목표들에 대한 자신감을 불어넣기 때문이다.

또 다른 하나는 실행이다. 실행은 '경력개발=역량개발+자기계발'이라는 공식으로 생각해볼 수 있다. 역량개발은 경력개발을 위한 사내에서의 업무 습득, 그리고 상사와 동료들의 피드백을 포함한다. 자기계발은 자격증이나 어학 공부 같은 경력에 관련된 것뿐 아니라 다양한 독서, 취미, 대인관계 스킬 등을 포함한다. 역량개발이든 자기계발이든 신입사원 때 습관을 잘 들이는 것이 중요하다. 그런 그들에게 가장 필요한 것은 프로페셔널, 즉 '프로(PRO)'의 습관이다. 주도적인(Proactive) 업무 실행, 보고(Report), 장애물(Obstacle) 넘어서기의 세 가지가 그것이다.

주도적인 업무 실행

■　　　　신입사원들은 프로페셔널이 되기 위해 좋은 교육 과정을 지원해달라고 하는 우를 범하고 있다. 정 주임도 마찬가지였다. 그는 재무 전문가가 되기 위한 학원 교육에 열을 내고 있었다. 하지만 교육보다 강력한 방법이 있다는 사실을 알아야 한다. 그것은 혹독한 업무 실행이다. 업무를 직접 하면서 배우는 것이 최고의 방법이라는 뜻이다. 이런 의미에서 신입사원이 받을 수 있는 최고의 선물은 연봉이나 복지가 아니라 혹독한 업무 기회다. '이 일을 처리하지 못한다면 어떤 일도 해낼 수 없지 않나? 일주일 내에 끝낸다는 마음으로 제대로 해보자'라고 마음먹는 것이 그 어떤 교육보다 효과적이다. 혼자 끙끙거리며 일을 해봐야 진짜 일을 배울 수 있기 때문이다.

한 청년이 부산 광복동의 브리태니커 한국 지사를 찾아간 적이 있다. 사무실에 들어서자 한 매니저가 친절히 맞아주었다. "세일즈는 사람을 설득해 당신을 받아들이게 하는 일입니다. 장래에 큰일을 하겠다는 포부가 있다면 세일즈 경험이 중요한 자산이 될 수 있습니다. 한번 도전해보세요." 그렇게 설득 아닌 설득을 당하고, 며칠 지켜본다는 생각으로 선배 사원 두 사람을 만났다.

한 사람은 키도 훤칠하고, 잘생기고, 자연스럽게 영어로 전화를 하고 있었다. 입사한 지 보름 정도 됐는데, 아직 하나도 못 팔았다며 멋쩍은 듯 웃었다. '이렇게 잘생기고 영어도 잘하는데 보름 동안 한 세트도 팔지 못했다니. 나는 충청도 촌놈에 영어 실력도 없으니 더 이상 기대할 것이 없겠구나'라는 생각에 실망이 앞섰다.

또 다른 사람은 아침에는 보지 못하고 하루 일과가 마무리되는 시점에 만났다. 그는 퇴근 시간이 넘어 사무실로 들어오면서 시무룩한 표정으로 매니저에게 "다녀왔습니다" 하며 종이 몇 장을 내밀었다. "수고했습니다"라는 매니저의 대답에 그는 "오늘은 두 세트밖에 못 팔았습니다"라며 자리로 들어가 앉았다. 순간 귀가 번쩍 뜨였다. '두 세트밖에라니?' 당시 브리태니커 백과사전은 27만 원이나 하던 고가 상품이었다. 한 세트를 팔면 양복 한 벌 값 정도가 세일즈맨에게 수당으로 떨어졌다. 양복도 보통의 샐러리맨이 몇 달을 벌어야 겨우 한 벌 사 입을 수 있을 정도로 비싼 물건이었다.

지금까지 17세트 팔았는데, 이번 달에 30세트를 팔 계획이라는 그의 말에 청년은 힘이 났다. 별로 특별해 보이지 않는 그 한마디가 그의 마음에 불을 질렀다. 그 순간 세일즈는 대단히 어렵다는 편견, 비범해 보이는 사람들만 할 수 있다고 여겼던 고정관념이 허물어졌다.

'저 사람이 할 수 있다면 나도 할 수 있다'는 자신감이 들었다.

잘생기고 영어도 잘하지만 단 한 세트도 팔지 못한 신입사원, 그리고 평범한 이력이지만 17세트를 판매한 신입사원. 회사는 늘 후자의 편이다. 정답은 현장에 있기 때문이다. 그렇기에 더욱 혹독한 현장으로 나가야 한다. 책상이나 교육장에만 앉아 있지 않아야 한다. 고객들의 니즈를 충족할 방법을 찾기 위해 끊임없이 관찰하고, 질문하고, 고민하는 곳이 현장이다. '이 업무는 내 업무야!'라고, 제대로 해내겠다는 마음으로 현장에서 답을 찾아가야 한다. 이렇게 현장에서 업무에 도전하는 것이 주도적 업무 실행이다.

보고와 피드백

■　　　　　　　　아무리 주도성을 갖고 업무를 처리한다고 하더라도 업무를 실행하다 보면 이런 저런 어려움을 겪는다. 그 어려움을 스스로 헤쳐 나가며 일을 배우는 것이 기본이지만, 선배 사원이 곁에 있다는 사실을 알면 얼마나 힘이 되는지 모른다. 선배의 존재 이유는 후배들을 돕기 위함이다. 업무 과정의 어려움을 선배에게 알리는 것이 보고다. 여기에는 문서 보고와 구두 보고, 최종 보고와 중간 보고, 수시 보고 등의 모든 커뮤니케이션이 포함된다. 혼자 끙끙대기보다 선배에게 알리고 도움을 받는 것이 일을 잘하는 비결이다.

조금 전의 세일즈맨 얘기로 돌아가보자. 별로 특별해 보이지 않는 선배를 보고 청년은 '이제 내 목표는 브리태니커 백과사전을 가장 많이 파는 사람이다'라는 목표를 세우고 판매에 나섰다. 그러나 사무실을 나서자 어디로 가야 할지 막막했다. 그는 번화가인 중앙동, 광복동, 남포동을 쏘다니며 일단 간판이 그럴듯하게 걸려 있는 회사에 들어가보기로 했다. 그리고 사장을 만났다. "안녕하십니까? 브리태니커 백과사전에서 나왔습니다. 이 사전은 세계에서 가장 좋은 사전입니다. 이 백과사전을 소장하시면 참 좋을 것입니다." 이렇게 한마디를 해놓고는 더 이상 말을 잇지 못했다. 하나도 팔지 못하고 밖으로 나왔다. '아직 다른 사람에게 상품을 설명하는 것 자체가 익숙하지 않은데 상대가 사장이다 보니 더욱 위축됐던 것 같다'는 결론을 내리고 조금 편한 상대를 찾아 상품 설명하는 법을 연습했다. 신기하게도 구멍가게 주인 앞에서는 말이 술술 잘 나왔다. 마음이 한결 가벼워지며 자신감도 생겼다.

그는 저녁이 다 되어갈 무렵 한 합판 가게에 들렀다. "안녕하십니까?" 하며 정중하게 명함을 내밀었다. 상품 설명이 순조롭게 끝났다고 생각한 순간, 사장이 불쑥 이렇게 말했다. "거, 좋겠군요. 하나 장만해두지, 뭐." 사장은 흔쾌히 계약서에 사인했다. 생애 최초의 판매가 이루어지는 순간이었다. 며칠 뒤 그는 작은 롤 케이크를 사 들고 첫 계약의 기쁨을 안겨준 합판 가게 사장을 다시 방문했다. "영철이가 맛있게 먹었으면 좋겠습니다"라고 사장의 아들 이름을 떠올리며 인사를 건넸다. 사장은 굉장히 고마워했다. 마음이 담긴 작은 행동 덕분인지 사장은 그에게 여러 명의 고객을 추천해주고 계약도 할 수 있게 도와주었다. 그렇게 소개가 꼬리에 꼬리를 물어 결국 청년은 그 사장을 통해 24명과 계약할 수 있었다.

이 이야기는 웅진그룹 윤석금 회장의 신입사원 시절 이야기다. 웅진그룹이 최근 어려움을 겪긴 했지만, 이를 극복한 윤석금 회장은 여전히 샐러리맨계의 입지전적 인물로 존경받고 있다.

인간관계의 장애물 넘기

■　　　　　이처럼 신입사원이 가장 먼저 배워야 할 인간관계의 교훈은 "안녕하십니까?"라고 크게 인사하는 것이다. 고객이나 선배 사원뿐만이 아니라 주변에 있는 모든 사람에게 말이다. 차별은 금물이다. 우리는 외모에 따른 초두효과에 너무나 익숙하여 청소하는 아주머니나 푸른 제복을 입은 수위 아저씨 같은 분들에게는 대부분 먼저 인사하지 않는다. 하지만 비즈니스의 새로운 문은 항상 예측하지 못한 곳에서 열린다는 사실을 기억해야 한다. 윤 회장의 뜻하지 않은 첫 실적처럼 말이다. 그렇기에 항상 먼저 인사하기를 습관으로 만들어야 한다. 따지고 보면 성공하는 사람들은 인사로 운을 부르는 사람들이다.

혹 인사가 잘되지 않는다면 자기 안의 장애물 때문이다. 인간관계의 기본 원칙 중 하나는 남을 먼저 배려하는 것인데, 그게 잘되지 않는 것도 그 때문이다. 자기 말이 앞서고 상대방의 이야기를 제대로 경청하지 못하는 것은 갑갑한 것을 견디지 못하는 탓이다. 반대로 상대방의 이야기만 듣고 자기 말을 하지 못하는 것은 자기표현의 용기가 없다는 방증이다. 이런 장애물을 극복해가려는 자기와의 선한 싸움의 과정은 보다 행복한 일과 삶을 열어주는 열쇠가 된다. 그래서 진짜 프로는 상대에게도 잘하지만 자기관리에도 철저한 사람이다. 신입사원 시절부터 프로의 습관을 들여보자.

3장

승진

출세의 사닥다리,
어디까지 타고 오를 수 있을까

5년차 이 대리와 임원의 야망

■   "입사 5년 만에 드디어 제가 원하는 부서에 왔습니다. 이 부서에서 제가 어떻게 성공의 사다리를 본격적으로 올라탈 수 있을까요?" 이 대리는 새로운 부서에서 자기가 정말 하고 싶었던 글로벌 사업협력 업무를 맡게 되었다며 약간은 상기된 얼굴로 이야기를 시작했다. 그는 입사 후 첫 부서에서 네트워크 운영을 익혔다. 동기들은 입사 후 1년이 지나면서 본사로 간다며 네트워크 현장을 떠날 때, 그는 묵묵히 자리를 지키며 로밍 부서에 자리가 나기만을 기다렸다. 그동안은 로밍 업무에 필요한 영어 공부를 차근히 준비했다. 뜻이 있는 곳에 길이 있다고 마침내 그는 입사 3년차에 글로벌 네트

워크 운영 부서인 로밍 부서로 자리를 옮길 수 있었다.

이 대리는 입사 때부터 글로벌 사업 업무를 꿈꿔왔다. 네트워크 운영 업무를 2년 동안 하면서 기술적으로 준비가 되었다 생각하고 로밍 부서에서도 2년을 채웠다. 글로벌 로밍을 위해 전 세계 통신 사업자와 협력하여 서비스 제공 지역을 넓히고, 로밍의 문제점을 해결하고, 계약 등을 직접 경험하면서 글로벌 업무를 하나씩 익혀나갔다. 그러던 어느 날, 그의 성실한 업무 태도와 창의적인 업무 처리를 눈여겨본 옆 부서의 임원이 그에게 물었다. "글로벌 사업협력 부서로 올 마음이 있어?" 그는 입사할 때부터의 꿈이었다고 현재의 임원에게 강하게 어필했고, 어려웠지만 다소 삐걱거리면서 지금의 업무를 맡게 되었다.

입사 후 일을 해나가면서 그는 자신의 커리어 목표를 점차 명확히 인식할 수 있었다. "처음에는 마냥 글로벌 사업 전문가를 목표로 잡았습니다. 이후 글로벌 로밍 전문가라고 생각하다가 지금은 글로벌 모바일 사업 전체를 총괄하는 임원이 목표가 되었습니다." 이제 경력 5년차지만, 이 대리는 커리어에 대한 자신만의 목표를 정한 것이다. 나는 "그 목표를 이루기 위해 현재 팀에서 이루고 싶은 성과는 무엇입니까?"라고 물었다. 그의 대답은 이랬다. "1년 이내, 아니 6개월 이내라도 저만의 글로벌 사업을 개발하여 50억 원 이상의 매출을 올리는 것입니다."

하지만 이게 만만한 목표는 결코 아니다. 성과 달성을 위해서는 협력 관계에 있는 회사의 키맨(key man), 즉 중요인물을 찾아야 하고, 그와 친해져야 하고, 그를 움직일 방안을 강구해야 한다. 하지만 이 대리는 이제 막 부서에 들어온 신출내기다.

나는 이렇게 물었다. "커리어와 성과에 대한 목표를 동시에 달성하게 해주는, 매일 실천해야 하는, 성공을 만들어주는 리추얼(ritual)은 무엇일까요?" 잠시 고민하더니 그는 이렇게 대답했다. "업무 시간에는 글로벌 비즈니스를 만들어가는 법을 배워야 하고요, 업무 외 시간에는 원어민 수준으로 말하고 쓸 수 있도록 영어를 배워야 할 것 같습니다."

내가 다시 물었다. "일상적인 요소에서는 어떤 리추얼이 필요할까요?" "점심시간에는 헬스클럽을 다니고 있습니다. 단 30분씩이라도 주 3회 이상은 운동을 하고 있습니다. 퇴근 시간은 좀 들쭉날쭉해서 평일에는 가족과 시간 약속을 잡기가 어렵습니다. 다만 주말 중 하루는 꼭 가족을 위해 하루 전체를 비워두려고 합니다."

"그런데 만약 커리어와 성과를 위한 리추얼과 생활을 위한 리추얼이 충돌하여 둘 중 하나만 해야 한다면 어떤 것에 무게중심을 두시겠습니까?"라는 질문에 이 대리는 "당연히 커리어와 성과지요"라고 자신 있게 대답했다. 그의 바람에 따라 우리는 매일의 리추얼에 대한 계획을 짜고 이를 점검하기로 했다.

대리는 질주의 시간이다

■   입사의 기쁨은 잠시다. 어리바리했던 신입사원은 일을 배우면서 회사의 일꾼으로 성장해간다. 대리가 되면 앞만 보고 달려가듯 질주를 해댄다. 그렇다. 대리는 질주의 시간이다.

신입사원 때는 선배에게 물어가며 일을 배우느라 자기 의견보다는 선배의 의견을 더 많이 반영하는 경우가 많았다. 하지만 대리가 되면 자기 생각에 따라 일을 처리하고 싶은 마음이 불끈불끈 솟는다. 스스로 업무를 처리할 수 있는 능력도 가지게 된다. '잘 모르면 질문하는 신입'에서 '혼자서도 일을 처리하고 싶은 일꾼'으로 역할이 바뀜에 따라 대리는 회사의 대표이사라도 된 듯 앞만 보고 내처 달린다. 그래서 대리를 '대표이사'의 줄임말이라고도 하지 않던가?

이 시기는 사랑을 향한 질주의 시간이기도 하다. 연애와 결혼이 키워드가 되는 셈이다. 자신에게 맞는 사람이 누구인지 데이트를 통해 알아가고, 운명의 한 사람과 결혼이라는 인생의 새로운 출발점에 서기도 한다. 조금 일찍 결혼한 대리들은 첫 출산과 육아로 정신을 못 차리는 시기이기도 하다. 일, 부부관계, 육아 등으로 눈 코 뜰 새 없는 하루를 보낸 뒤 침대에 누우면 '내가 지금 뭐 하는 거야?'하는 생각이 들기도 한다. 하지만 안심하라. 그렇다면 더없이 잘 살고 있는 것이다.

그러는 동안 그들은 한 가지 공통적인 질문을 한다. "이게 나에게 맞는 일일까?" "이 사람이 나의 반쪽이 맞을까?" 등등. 이런 질문은 자신에게 맞는 일과 사랑이 따로 있다는 전제에서 기인한다. 두 질문의 공통점은 "나의 선택이 올바른 것이었나?"다. 대리들의 이런 질문에 나는 이렇게 대답한다. "그것은 좋은 질문이 아닙니다. 이미 벌어진 일이잖아요. 좋은 질문은 '오늘 하루를 어떻게 열심히 살아서 내 선택이 올바른 것이었는지 보여주느냐'가 아닐까요?" 그렇다. 우리의 삶은 언제나 오늘 하루를 통해 확인해야 한다. 특히나 질주를 하게 되는 대리 시절에는 오늘 하루가 더욱 짧게 느껴지고 그 의미도 더욱 소중해진다. 이 대리의 이야기를 통해 인생의 여름 하루를 뜨겁게 살아가기 위한 지혜를 나누어보자.

일과 삶을 한 방향으로 맞춰라

■   첫 단추는 목표의 일치다. 이 시기의 목표는 몇 가지로 나뉜다. 먼저 일과 관련된 두 가지가 있다. 그중 하나는 커리어에 대한 목표로, 이는 한 사람이 업을 통해 이루고 싶은 장기적 목표다. 또 성과 목표는 현재의 업무를 중심으로 이루고 싶은 단기적 목표다.

하루를 잘 산다는 것은 이 두 가지가 한 방향을 향해 있을 때 가능하다. 대부분의 경우 이는 점진적이고 장기적으로 이루어진다. 점진적이라 함은 한 단계를 뛰어 넘으면 그다음이 보인다는 의미고, 장기적이라는 함은 시간이 오래 걸린다는 의미다. 마치 이 대리가 5년간의 업무 경험을 통해 글로벌 사업 전문가, 글로벌 로밍 전문가, 글로벌 사업 개발 전문가로 목표를 구체화해간 것처럼 말이다.

다음은 삶의 목표다. 이것은 한 사람이 자신의 삶을 통해 이루고 싶은 본질적 목표다. 목표가 임원이라면 그 목표를 이루기 위해 '월화수목금금금' 죽어라 일만 해야 하는 경우가 많다. 또 어떤 분야의 전문가를 목표로 삼았다면 하루 두 시간 이상 평생 공부할 각오를 다져야 한다.

하지만 이게 말이 쉽지 사실은 고달프고 힘든 일이다. 그래서 대부분의 사람은 평일은 회사에서 보내더라도 주말은 가족들과 함께 하는 평범한 직장인으로 만족한다. 일만 하다 죽는 삶이라는 게 얼마나 슬픈 일인가, 싶은 것이다. 솔직히 평범한 가정을 꾸미고 평범한 직장생활을 한다는 것 자체도 생각보다 꽤 벅찬 삶이다. 그렇기에 어떤 경우든 일의 목표와 삶의 목표를 한 방향으로 맞추는 과정이 필요하다.

아무리 좋은 것이라도 나에게 맞지 않다고 생각된다면 포기하고 자신의 목표에 따라 오늘을 살아가고자 하는 것, 그것이 뜨거운 하루를 위한 첫걸음이다. 이렇게 뜨거운 하루를 위한 목표를 정했다면 이젠 달음질할 차례다. 그렇다면 그 달음질의 핵심은 무엇일까?

야신 김성근 감독의
끝없는 달음질

■　　　　　선수 시절, 그는 첫 경기의 첫 타석에서 중견수 앞 땅볼로 아웃을 당했다. 발이 느렸기 때문이다. 그때부터 그는 날마다 한 시간 이상 내리막길을 달리며 스피드를 키웠다. 하체 훈련에 도움이 될까 싶어 우유 배달 아르바이트도 했다. 그는 자전거 안장에 앉지 않았다. 선 채로 자전거를 몰았다. 사실 우유 배달을 시작한 건 학비와 야구 용품 비용 때문이었다. 하체 단련은 덤이었다. 하루가 다르게 종아리는 단단해졌고, 허벅지에도 근육이 튼실하게 잡혀갔다. 우유 보급소 소장은 그가 열심히 일하는 데다 야구 선수라고 하니까 날마다 우유 서너 병을 공짜로 줬다. 세끼 챙겨 먹기도 어려워 항상 배가 고파 가난을 먹으며 자라던 시절, 우유는 그에게 엄청난 영양 공급원이 되어주었다. 어쨌든 우유 배달 아르바이트는 그에게 일석이조의 효과를 가져다주었다.

그렇게 그는 재일 교포 학생야구단, 동아대, 교통부 선수를 거쳐 국가대표 선수로 발탁되었다. 하지만 부상으로 인해 스물일곱의 나이에 일찍이 선수 생활을 마감해야 했다.

뜻하지 않게 선수 생활을 접고 처음 감독으로 부임한 곳은 경남 마산상고였다. 패배 의식에 젖어 있던 학생들에게 혹독한 훈련을 시키니 학생들이 집단 가출을 해버렸다. 그는 아내에게 도움을 청했다. 아내가 준비해준 음식을 들고 아이들에게 가져가 맛있게 먹으면서

서로 터놓고 이야기했다. 그들의 이야기를 들으며 아이들을 일방적으로 몰아간 자신의 탓도 적지 않음을 깨달았다. 감독이 되기 위해서는 야구에 대해서도 많이 알아야 하지만 일반적인 교양과 상식도 풍부해야 함을 절실히 깨달았다. '무조건 해라!'가 아니라 왜, 어떻게 해야 하는지 설득할 줄 알아야 진짜 감독이 된다는 것을 느꼈다. 감독을 넘어 스승이 되고 싶었다. 그때부터 그는 책을 파고들었다. 지금 그의 서재엔 야구 서적만 500권이 넘는다. 다른 서적은 더 많다. 그는 몇 문장만 좋아도 책을 사는 책벌레가 되었다.

마산상고 감독을 시작으로 그는 충암고, 신일고 등 고교야구 감독의 길을 걸었다. 이후 프로야구가 창설되면서 OB 베어스, 삼성 라이온즈, LG 트윈스, SK 와이번스 등에서 프로야구 감독으로 이름을 날렸다. 그는 늘 꼴찌 팀을 맡아 혹독한 훈련으로 일등 팀으로 만들어낸다 하여 '야신', 즉 야구의 신이라 불린다. 꼴찌 팀이었던 쌍방울 레이더스 감독 시절의 이야기를 보면 그가 왜 야구의 신이라 불리는지 잘 알 수 있다. 꼴찌 팀답게 선수들은 패배 의식에 젖어 있었다. 그는 베스트멤버를 따로 정하지 않고 상황에 맞는 선수를 내보냈다.

결과는 대만족이었다. 팀 최다 연승 기록인 13연승을 달린 적도 있다. 쌍방울 레이더스는 이 시즌 정규 리그 2위를 기록하는 성공 신화를 이루었다. 이게 가능하려면 소속 선수와 상대 선수를 상황별로 분석한 입체적인 데이터가 필요했다. 그는 매 경기마다 분석 자료를 데이터화하느라고 무시로 밤을 샜다. 기꺼이 뜨거운 하루를 자초했던 것이다.

SK 와이번스 감독 시절에는 겨울 전지훈련 중 베이징올림픽 금메달리스트 역도 선수 장미란을 초청하기도 했다. 여기에는 인생의 장기적 목표도 숨어 있었다. 미국이나 일본에는 현역 은퇴 뒤에 강연만으로도 충분한 수입을 올리는 전직 선수들이 꽤 있다는 것을 보여주고 싶었기 때문이다. 하지만 우리나라 프로야구 선수들이 은퇴 뒤에 택하는 길은 보통 두 가지다. 지도자 아니면 장사. 그러나 그는 강연자라는 또 다른 대안을 소개하고 싶었다. 이런 마음을 담아 그는 겨울 캠프 동안 날마다 저녁 시간에 한 시간씩 스스로 강의를 했다. 그리고 선수들에게 자신이 두세 시간 준비한 이야기를 들려주었다.

작은 행동의 반복이
목표 달성을 이룬다

■   김성근 감독의 달음질의 핵심에는 '목표(KPI, Key Performance Index) 달성을 위한 행동(KBI, Key Behavior Index)의 반복'이 있다. 내리막길 달리기를 통한 스피드 키우기, 감독을 넘어 스승이 되기 위한 책 읽기, 꼴찌를 1등으로 만들기 위한 입체적 데이터 만들기, 미래를 준비하기 위한 강연 연습 등 김 감독의 질주는 모두 목표 달성을 위한 행동의 반복이 어떤 것인지 잘 보여준다.

이 대리도 마찬가지다. 그의 KPI는 '모바일 글로벌 사업분야를 총괄하는 임원이 되기 위해 1년 내에 글로벌 사업으로 50억 원의 매출을 올리는 것'이다. KBI는 '글로벌 비즈니스 업무 익히기'와 '원어민 수준으로 말하고 쓸 수 있도록 영어 익히기'다. 내가 가장 강조하고 싶은 것은 KPI를 이루기 위해서는 자기만의 KBI를 반복하라는 것이다. KPI라는 하늘의 언어를 KBI라는 땅의 실행으로 바꾸어내는 능력, 이것이 내가 아는 성공과 행복의 핵심이다.

인생의 여름이라 할 수 있는 30, 40대의 삶은 목표 달성을 위한 기계적인 반복을 피할 수 없다. 아이러니하게도 이런 기계적인 반복을 잘 감당해내는 사람이 성공이든 행복이든 뭔가를 얻는다. 지루하고 힘들게 이어지는 그 행동이 삶의 에너지를 계속해서 생성시켜주기 때문이다.

이 대리의 경우를 보자. 영어 배우기가 단순히 에너지를 소모하는 일이라면 지속적으로 하기 힘들 것이다. 그래서 영어를 배우는 동안 기쁨의 에너지를 얻을 수 있는 자신만의 리추얼을 만들어내는 것이 중요하다. 뿐만 아니라 그는 점심시간을 활용한 30분간의 운동으로 신체적인 건강을 돌본다. 또 주말 중 하루는 시간을 온전히 비워 가족 간의 사랑을 확인한다.

행복한 성공을 이루는 사람들은 모두 자기만의 리추얼을 통해 에너지를 공급받고 있다. 반복적인 행동에서 지루함 대신 에너지를 얻는 것이다. 어떤 이는 아내와의 깊은 대화로, 어떤 이는 자기만의 독서로, 또 어떤 이는 종교적인 기도나 명상으로 그 에너지를 얻을 수 있다. 자기 자신에게도 물어보자. '지속적인 힘을 내게 하는 나만의 리추얼은 무엇인가?'

그대를 응원하는 자들에게서
피드백을 구하라

■ 　　　　다음 차례는 피드백을 받는 것이다. 목표, 실행, 피드백의 선순환이 일어나면 보다 정교한 목표가 세워지고 효율적인 실행 방안을 도출할 수 있다. 이 선순환의 핵심이 바로 피드백이다. 피드백은 '해보니까 이렇더라'는 노하우에서 비롯된다. "실행을 해보니까 매출 50억 원은 나에게 너무 벅찬 목표더라. 좀 더 목표를 낮춰 30억 원으로 해보겠다" "실행을 해보니까 점심시간을 이용한 주 3회 운동은 힘들고 2회 정도가 적당하더라" 등으로 스스로 점검하는 것이 우선이다. 이러한 자기 피드백 없이는 결코 목표 달성이 불가능하다.

여기에 직책자나 업계 전문가, 혹은 나를 잘 아는 지인의 피드백이 더해지면 더욱 강력한 힘이 발휘된다. 그래서 일 욕심이 많은 사람들은 점심이나 커피를 사주면서 상대방의 고견, 즉 피드백을 구한다. 피드백은 점심값이나 커피 값보다 비싼 선물이라는 것을 알기 때문이다.

한 발 더 나아가 전문가의 코칭까지 받으면 목표점이 분명해지고, 실행력이 강화된다. 예컨대 현재의 관점에서 재테크를 하는 것이 아니라 인생에 대한 전반적인 시각에서 돈이 필요한 시점을 인식하고 계획하고 준비하도록 돕는 재무 전문가의 피드백은 인생을 풍요롭게 해준다. 운동 전문가의 피드백도 마찬가지다. 충만한 삶을 위해 인생의 주요 사건에 대해 배우자나 가족, 혹은 선배 등에게 피드백 요청하기를 주저하지 않는 자들의 지혜도 잊지 말아야 한다. 일의 성취와 삶의 충만함을 모두 얻기 위해서는 피드백만 한 선물이 없기 때문이다.

4장

전문가

무엇이 업계 최고를 만드는가

막연한 꿈에서 현실의 목표로

■   "전문가가 되고 싶습니다"라고 송 과장은 말을 시작했다. 그는 지방 국립대 전자공학과를 다녔다. 상경하지 못한 아쉬움이 컸는데, 다행히 학교 지원 프로그램으로 두 달간의 미국 연수와 일본 전국 여행을 다녀왔다. 이 경험은 해외에 대한 동경으로 이어졌고, 그 동경은 1년간의 휴학과 해외 경험으로 이어졌다. 그는 워킹홀리데이 비자를 발급 받아 호주로 날아갔다. 1년간 부지런히 돈을 벌었고, 그 돈으로 호주, 뉴질랜드, 태국, 필리핀, 중국 등지를 석 달간 돌고 귀국했다.

송 과장은 이제 아내와 자녀 둘을 둔 서른다섯의 가장이다. "결혼

할 때와는 다르게 아이가 태어나니 가장으로서 책임감이 느껴지더라고요. 둘째가 태어나니 회사원이나 직장인이 아니라 한 분야의 전문가가 되지 않으면 안 되겠다는 생각이 들었습니다." 그동안 그는 학교를 졸업하고 통신사에 입사하여 유선 인터넷 분야에서 6~7년의 업무 경험을 쌓았다. 그곳에서 인정받고 무선 모바일 분야로 자리를 옮겨 3년간 일해오고 있다.

"앞으로 어떤 전문가가 되고 싶은데요?"라는 질문에 송 과장은 한 치의 머뭇거림도 없이 "유무선을 통합하는 기술 전문가가 되고 싶습니다"고 했다. 말하는 속도와 자신감 넘치는 목소리에서 그가 얼마나 치열하게 살아왔는지 단번에 알 수 있었다. 그리고 그는 전문가가 되기 위한 세 가지 세부적인 목표도 가지고 있었다. "먼저 2~3년 내에 유무선 네트워크를 설계하고 최적화하는 분야에서 사내 최고의 전문가가 될 것입니다. 10년 후인 마흔다섯까지는 퇴직해서 네트워크 환경이 열악한 동남아 국가로 갈 것입니다. 그곳에서 창업을 하여 네트워크 인프라 개선과 관련된 기술 노하우를 나누고 싶습니다. 그리고 은퇴 후에는 그곳의 가난한 아이들을 돌보는 기술교육 기관을 만들어 봉사의 삶을 살고 싶습니다."

나는 다른 사람들로부터도 이런 이야기를 수도 없이 들어왔다. 그래서 송 과장의 계획이 진짜인지 막연한 공상인지 구분할 수 있도록 "생각 정리가 잘되어 있네요. 하지만 계획대로 되지 않는 것이 현실이잖아요. 송 과장님의 계획이 막연한 꿈이 아닌 현실의 목표라는 사실을 어떻게 증명할 수 있나요?"라고 물었다. 다소 도발적인 질문이었다. 송 과장은 이렇게 대답했다. "머리로만 생각하고 가만히 있는 것은 아닙니다. 전문가가 되고 싶다는 생각을 매일 상기하면서 열심히 준비하고 있습니다."

나도 그의 믿음에 동의를 보냈다. 매일의 실행을 통해 그는 이미 글로벌 네트워크 표준인 시스코 네트워크의 CCNA, CCNP, CCIE 자격증을 취득했다. 그뿐 아니라 무선설비기사 자격증도 이미 따두었고, 정보통신 기술사 자격증도 준비하고 있다고 했다. 또 의사소통 능력을 갖추기 위해 매일 20분씩 전화로 영어 공부를 하고 있다고 했다. 전화 영어를 한 지도 벌써 3년이 다 되어간다는 말에 나는 그의 계획이 허무맹랑한 이야기만은 아니라는 점을 분명히 알게 되었다.

"사실 이 업계는 좁습니다. 회사에서 인정받고 업계 모임에서 이름이 알려지면 자연히 장비 제조사나 글로벌 사업 회사에서도 관심을 갖습니다. 회사에서 스타가 되면 스카우트 경쟁이 치열해지는 구조죠. 그래서 지금 맡고 있는 LTE 쪽에서 먼저 기회를 잡고 부단히 공부하고 있으면 자연스럽게 기회가 온다고 생각합니다"라는 자신 있는 말에서 나는 그가 전문가로서 자기 역할을 다할 것이라는 강한 확신이 들었다.

그렇다면 송 과장이 그토록 되고 싶다는 전문가는 어떤 사람일까? 사실 '전문가'라는 말은 대한민국 직장인들에게는 가장 큰 콤플렉스 요인이다. 예전에는 임원이 되지 못하면 누구나 루저가 되던 시절이 있었다. 하지만 지금은 임원만큼이나 전문가도 인정을 받는다. 이름만 대면 알 만한 사람들이 임원급이 아님에도 각자의 위치에서 인정받으면서 자기 역할을 다한다. 그래서 더 궁금해진다. 전문가란 어떤 사람인가?

사전적인 의미는 '어떤 분야에 종사하여 그 분야에 도저한 지식과 경험을 가진 사람'이다. 여기에는 세 가지 의미가 있다. 첫째, 한 분야에 종사하는 사람이다. 자기만의 특정 분야로 들어가야 전문가의 코스가 시작된다 할 수 있다. 둘째, 분야에 대해 상당한 지식 체계를 가지고 있는 사람이다. 오랜 현장 경험을 바탕으로 다른 사람과는 차별화된 지식 체계를 갖고 있어야 전문가라 할 수 있다. 셋째, 성과를 내는 사람이다. 돈을 많이 버는 재무적 성과뿐 아니라 고객들에게서 사랑과 인정을 받거나 업무 프로세스를 개선하는 무형의 성과까지도 포함된다. 어쨌든 전문가는 성과로 말하는 사람이다.

전문가로 가는 길에는 초보자, 숙련가, 전문가의 세 단계가 있다. 나는 각각을 이렇게 구분한다. 초보자는 분야 경험이 5년 미만으로, 왕성한 호기심을 갖고 끊임없이 질문하는 시기라 할 수 있다. 숙련가는 10년 미만의 경험을 가지고 스스로 성과를 낼 수 있는 사람이다. 초보자에 머물렀던 지식의 영역을 넓혀가는 시기라 할 수 있다. 전문가는 10년 이상의 경험을 가지고 자기 스스로 성과를 낼 뿐 아니라 타인이 성과를 낼 수 있도록 지도하고 도와줄 수 있는 사람이라 할 수 있다. 이런 전문가의 진면목을 우리는 광고인 이제석에게서 찾아볼 수 있다.

광고천재 이제석

■   시각디자인학과를 수석졸업하고도 지방대라는 이
유로 취업도 못 한 청년 이제석은 뉴욕에 소재한 스쿨 오브 비주얼
아츠(SVA, School of Visual Arts)에 편입했다. 뉴욕에 있는 동안 그는 줄기
차게 광고 공모전을 공략했다. 돈도 연줄도 없는 그가 뉴욕에서 살아
남는 가장 좋은 전략은 그것뿐이었다. 그는 수업 시간에 만든 '굴뚝
총'이라는 작품으로 2007년 원쇼 광고제 공모전에서 최고상인 금상
을 받았다. 원쇼 광고제는 칸, 런던 국제광고제와 함께 세계 3대 광
고제로 꼽히는 세계적인 광고제다. 수상작은 어느 누구도 이견을 내
지 않을 만큼 작품성을 인정받았다. 수상 소식이 알려지고 세계적인
광고 전문지《원쇼 매거진》과《커뮤니케이션 아츠》에 대문짝만 하게
기사가 실리자 학교가 완전히 뒤집어졌다. 국내 공모전에서 상이라
고는 단 한 개도 못 타던 그가 미국으로 건너간 지 6개월 만에 원쇼
광고제 최우수상을 거머쥔 것이다. 그러나 그것은 시작에 불과했다.
그는 이후 광고계의 오스카상이라는 클리오 어워드 동상, 미국광고
협회 애디 어워드 금상 등 세계적인 광고 공모전에서 1년간 29개의
메달을 목에 걸었다. 공모전 싹쓸이는 SVA 개교 이래 처음이자, 광고
계에서도 전례가 없는 일로 평가를 받고 있다.

대한민국 청년의 포부치고는 옹색하다고 할 수 있겠지만 그가 뉴
욕에 간 가장 큰 목적은 취업이었다. 세계적인 광고 공모전에 도전한
것도 알고 보면 취직을 잘하기 위해서였다. 광고쟁이의 임무는 뭐가

됐든 잘 파는 거라고 생각하고, 그는 자신을 팔아먹기 위해 사고를 치기로 작정했다. 디데이는 애디 어워드 시상식 당일. 당시 SVA 학생이었던 그는 공모전 수상 소감을 밝히면서 느닷없이 "인턴십 구합니다!"라고 큰 소리로 외쳤다. 여기저기서 웃음소리가 터져 나왔다. 그는 아랑곳하지 않고 참석자들에게 그가 어떤 사람인지 알 수 있는 전단지와 함께 지포라이터를 하나씩 돌렸다. 뚜껑을 열어 불을 붙이면 머리에서 불꽃이 활활 타오르는 것처럼 보이도록 직접 디자인한 것이었다. 덕분에 일자리는 바로 그 자리에서 연결되었다. 미국에서 가장 오래되고 가장 큰 초대형 광고회사 'JWT NEW YORK'이었다. 그는 이력서도 내지 않고 SVA 동기생 중 가장 먼저 인턴십을 구한 학생이 되었다.

그가 세계적인 광고 대행사 FCB로 이직을 하고 처음 광고를 맡은 상품은 오레오 쿠키였다. 오레오를 만드는 크래프트 사가 내세운 슬로건은 "우유에 찍어 먹어야 더 맛있다"는 것이었다. 이를 소비자 머릿속에 각인시키기 위해 그는 머리를 쥐어짜내고 있었다. 하루는 회사 로비에 서서 커피 마시는 사람들을 무심코 보고 있는데 그 사람들 뒤로 엘리베이터가 쉴 새 없이 오르락내리락하는 게 보였다. 그 장면은 그에게 꼭 엘리베이터가 어딘가에 빠졌다가 다시 올라오는 것처럼 보였다. 그길로 그는 사무실로 올라가 가로 세로가 자기 키만 한 스티커 두 장을 만들었다. 한 장에는 우유가 든 컵을, 다른 하나에는 오레오 쿠키를 인쇄했다. 우유 컵 스티커는 한 자리에 고정되어 있는 투명한 엘리베이터 통로에, 오레오 스티커는 오르락내리락하는 엘리베이터에 붙였다. 그렇게 해놓으니까 엘리베이터가 움직일 때마다 거기에 붙여놓은 오레오 쿠키가 우유 컵에 잠겼다 나왔다 하는 것처럼 보였다. 마치 쿠키를 우유에 찍어 먹는 것처럼 말이다. 그는 그 장면을 동영상으로 찍어 유튜브에 올렸다. 오레오 동영상 사건은 세계 최고의 권위지 《뉴욕 타임즈》 경제면에 소개되었다. 제목은 '자이언트 오레오 쿠키'. 광고 효과가 엄청났다는 게 기사 내용이었다. 광고 전문지 《커뮤니케이션 아츠》와 《아카이브》도 오레오 광고로 표지를 장식했다. 오레오의 광고 효과는 아무리 낮잡아도 수백만 달러는 되었다. 하지만 제작비용은 겨우 스티커 두 장 값이 전부였다. 그는 이 사실을 통해 머리만 잘 쓰고 판을 바꾸면 광고 예산의 80퍼센트에 육박하는 매체비도 15~20퍼센트 선까지 줄일 수 있다는 사실을 깨달았다.

그는 2년 동안 미국에서 가장 큰 광고회사인 JWT를 비롯해 메이저급 회사 여섯 군데를 다니며 몸값을 높였다. 하지만 하고 싶은 광고를 하겠다며 남들은 못 들어가서 난리인 회사를 박차고 나와 자신의 이름을 딴 이제석 광고 연구소를 세우고 '세상을 바꾸는 광고'라는 새로운 도전을 시작했다. 다소 거칠고 직설적이지만 유쾌하고 기발한 아이디어로 모두를 놀라게 하는 그의 이야기는 전문가가 되고자 애쓰는 사람들에게 시사하는 바가 크다. 그의 이야기를 통해 전문가를 지향하는 사람들에게 필요한 지혜가 무엇인지 고민해보자.

흥미와 소질이 있는
분야를 선택하라

■   전문가가 되는 길의 출발점은 자신만의 길 하나를 택하는 것이다. 이때 가장 먼저 던져야 할 중요한 질문은 "흥미가 있고 소질이 있는 나만의 분야는 무엇인가?"다. 직장인들과 상담하면서 내가 가장 안타깝게 생각하는 것은, 성인이 된 직장인이 아직도 자신은 세상에서 배울 것이 많다는 전제를 가지고 흥미나 소질과는 무관하게 이것도 배우고 저것도 배우면서 시간을 낭비한다는 점이다. 이제는 그런 태도를 탈피해야 한다.

"그럼 내가 흥미가 있고 소질이 있는 것을 어떻게 찾을 것인가?"라고 묻는다면 나는 이렇게 대답해주고 싶다. "자신이 가장 하고 싶고 또 잘하는 일이라고 생각되는 것을 동사로 표현해보라." 그 동사가 바로 흥미와 소질의 씨앗이 될 것이다. 이제석씨가 '생각한다, 광고한다, 들이댄다'라 했고 송 과장이 '설계한다, 최적화한다, 봉사한다'라 말한 것처럼 '글을 쓴다, 상담한다, 연구한다'도 좋고 다른 어떤 동사도 좋다.

핵심은 이 동사들이 열매가 아니라 씨앗이라는 사실을 인지하는 것이다. 씨앗이 열매 맺을 수 있을지 어떨지는 오랜 시간 노력을 해봐야 알 수 있다. 하지만 많은 사람이 그런 노력은 쏟지 않고 씨앗이 없는 곳에 쓸모없는 에너지를 낭비하고 있다. 흥미와 소질이 없는 분야에서 얻을 수 있는 결과는 기껏해야 해당 분야 사람들의 평균치를 넘지 못한다. 자신이 흥미와 소질을 가진 분야에서 출발해야 계속해서 한계를 넘어서는 진정한 전문가가 될 수 있다.

선택한 분야를 깊게 파고들어라

■   다음은 선택한 하나의 점을 깊게 파고들 차례다. 그림으로 비유하자면, 첫 번째는 인생의 가로선에서 하나의 점을 택하는 것이고, 두 번째는 그 점에서 가로선에 수직인 직선을 길게 뻗어나가는 것이다. 깊이 파고든다는 것은 숱한 반복과 연습이 필요한 작업이다. 반복과 연습 없이는 절대 전문가의 반열에 오를 수 없다. 가수가 되고 싶은 사람은 득음을 하기 위해 피를 토하도록 연습을 한다. 작가가 되고 싶은 사람은 엉덩이에 땀띠가 나도록 의자에 앉아 글을 쓴다. 그렇게까지는 아니더라도 매일 작은 연습과 반복을 누적하며 습관화하는 것이 중요하다. 그 습관이 작은 성공을 만들어내고, 작은 성공이 모여 눈에 보이는 커다란 성과를 만들어낸다.

흔히들 전문가가 되기까지 10년이 걸린다고 하는데, 그 10년은 그러한 파고듦의 시간이 되어야 한다. 이제석은 잠자는 시간만 빼고 광고만 생각하는 사람이다. 내가 송 과장을 인정하고 격려해준 것도 자격증이나 영어 공부 등 자기만의 시간을 3년 이상 누적해온 경험을 갖고 있기 때문이다. 이를 위해서는 하루 일과의 대부분을 차지하는 업무 시간 외에도 개인적인 시간을 적극적으로 활용해야 한다. 전문가는 남들과 같은 평균적인 노력으로 만들어질 수 없다. 자신이 가진 100퍼센트의 시간과 에너지를 투입해야 겨우 들어갈 수 있을까 말까 하는 곳이 전문가의 세상이 아니던가?

인접 분야로 손을 뻗어라

■　　　　　전문가가 되기 위한 세 번째 순서는 수직으로 그은 긴 직선 양쪽으로 짧은 선들을 그어 전체적으로는 역삼각형을 그리는 것이다. 긴 직선은 자기 분야의 전문성을, 짧은 직선들은 인접 분야의 지식을 의미한다. 커리어로 보자면 승진이라는 수직 이동, 혹은 부서 이동이라는 수평 이동을 통해 인접 분야로 손을 뻗을 수 있다. 생활 면에서는 일과 삶을 하나의 방향으로 통합해가는 것이 그것이 될 수 있다. 이제석은 인문, 사진, 그림, 언어, 경영 등 인접 분야의 경험을 거쳐 광고 천재에서 광고 고수로 성장해갈 것이다. 송 과장도 유선 설계, 무선 설계, 유무선 통합 설계와 최적화 분야의 엔지니어에서 경영자로 성장하며 인접 분야로 손을 뻗어갈 것이다.

전문가에도 급이라는 게 있다. 강사를 예로 들어보면, 초보 강사는 자기가 강의하는 내용과 자신의 삶에 전혀 연관성이 없다. 강의는 돈 버는 수단일 뿐 삶과는 무관하다. 중견 전문가는 자신의 일과 삶을 통합하려고 애쓰는 사람이다. 강의 내용을 자기 삶으로 가져와 적용하고, 원칙을 찾아보고, 고민하는 사람이다. 강의 고수는 자신의 삶이 곧 강의 소재가 된다. 이들은 더 이상 일에 삶을 꿰맞추려 하지 않는다. 삶에서 우러나온 마음, 생각, 행동이 곧 일이 된다. 일과 삶이 하나가 되는 것이다. 마음에서 우러나는 내용, 자신의 삶이 담긴 진실한 내용을 강의하는 자가 진정한 전문 강사라 할 수 있다. 그것이 가능하려면 자신의 삶이 담긴 일에 10년 이상 계속해서 에너지와 시간을 투자해야 한다. 이제 자신에게도 질문을 던져보자. "나의 10년은 어디에 투자할 것인가?"

/ 5장 /

임원의 자격

좋아하는 일만 찾아서는
임원이 될 수 없다

상사가 껄끄러운 야심가
심 팀장

■　　　　　심 팀장은 40대 초반의 야심가다. 그는 현재 맡고 있는 소프트웨어 개발 관련 업무를 기반으로 CIO(Chief Information Officer, 최고 정보 책임자)가 되는 것이 자신의 커리어 목표라고 했다. 조금도 주저하지 않고 말하는 것으로 보아 목표 달성에 대한 확신도 가지고 있는 듯했다. 3년 전에는 기술사 자격증도 취득했고, 최근에는 회사에서 지원해주는 국내 MBA 과정도 마무리했다. 해외 MBA도 충분히 갈 수 있었지만, 그는 업무 공백을 최소화하기 위해 자발적으로 국내 과정을 선택했다. 퇴직 후에는 임원으로 재직한 경험을 바탕

으로 컨설팅 일을 할 계획이라고 했다. 연간 100일 정도는 날을 새서라도 일을 마무리한다는 그의 말에서 나는 업무를 대하는 비장함을 느낄 수 있었다.

그는 "그런데 제가 잘하고 있는 건가요?"라고 질문했다. 심 팀장은 올 들어 새로운 임원을 모시게 되었는데 그분과 잘 맞지 않는 모양이었다. "새로 오신 상무님이 워낙 유하고 사람 케어를 잘 해주신다고 분이라고 소문이 나신 분입니다. 그런데 저는 후배 사원들에게 따끔하게 질책하고 책임을 묻는 스타일입니다. 그래서 저도 지적을 받고 그런 지적을 통해 배우는 것에 익숙해져 있는 사람인데, 상무님은 좋은 말씀만 하시니 뭔가를 배우지 못하고 있다는 마음에 혼란스럽네요." 그는 일을 제대로 하지 않는 사람들을 보면 화가 난다며, 자기는 날을 새서라도 일을 마무리한다는 사실을 또 한 번 강조했다.

"성과를 내는 방법에는 일과 자기계발만 있는 게 아닙니다"라는 나의 말에 그는 놀랐다. "피드백과 대화를 통한 성과 창출에는 팀장님이 다소 어려움을 느끼는 것 아닌가요?"라는 나의 질문에 그는 솔직히 그렇다고 인정했다. 대화가 다소 불편하다고 했다. 일이나 자기계발을 통해 자기 스스로 일을 해나가면 되고, 혹 문제가 생겨도 지적해주면 고치면 되는데 굳이 잡다한 이야기를 꺼내며 업무 시간을 축내는 것이 이해되지 않는다고 했다. "일을 잘하기 위해서는 혼자서 업무 처리를 잘하기 위한 기술도 필요하지만, 팀장으로서 일을 잘 관리하기 위해서는 인간관계 스킬이 더 필요하지 않던가요?"라는 질문에 그는 깜짝 놀라며, 얼마 전 회의 시간에 너무 적나라하고도 직설적인 이야기를 해서 상무가 다소 당황스러워했다는 이야기를 해주었다. 이 질문에 답하면서 그는 스스로를 통찰하는 순간을 맞았다. 잠깐의 침묵으로 우리는 이 순간을 꽉 붙잡았다. 잠시 후 우리는 인간관계에 대한 속 깊은 이야기를 나누었다.

상사와 부하의 관계를 개선하는 데는 가족들과의 대화 연습이 도움이 될 수 있다고 하니, 그는 머뭇거리며 "사실 가정에서는 대화가 더 어렵습니다"라고 조심스럽게 가족 이야기를 꺼냈다. 그는 맞벌이 아내와 슬하에 미취학 아들 하나를 두고 있다고 했다. 결혼한 나이도 다소 늦었지만, 중매를 통해 결혼을 해서 아직도 아내를 잘 모르겠다고 하면서 그는 아내와의 잦은 말다툼으로 인해 꽤 오랫동안 정겨운 이야기를 나누지 못하고 있다고 했다. 아내는 관계 회복을 위해 애쓰고 있는데, 그는 일로 바빠 마음의 여유가 거의 없다고 했다. 아내와 잘 지내고 싶긴 하지만 대화 기술도 부족하다며 말끝을 흐렸다.

그러나 "아내와 진솔한 대화를 하지 못하면 무슨 재미로 사느냐"는 말과 "아내와의 진솔한 대화는 CIO라는 목표를 이루기 위한 일종의 연습이기도 하나"는 말에 그는 다시 도전해보기로 했다. 또한 가족 관계가 원만하지 못한 것이 늘 짐이었는데, 이제부터라도 관계 회복을 위해 애써보겠다고 했다. 하루 한 번 아내에게 문자 보내기와 하루 10분씩 대화하기를 실천 계획으로 잡았다. 이런 진심을 바탕으로 그는 상무와 팀원들과의 커피 타임도 좀 더 적극적이고 주도적으로 만들어보겠다고 했다.

임원 한 번은 달아보고
그만둬야지 않겠어?

■　　　　　국내 1,500만 직장인들이 한 번쯤은 가져봤을 속
마음일 것이다. 한국경영자총협회(경총)가 전국 254개 기업을 대상
으로 조사한 결과를 보면, 대졸 신입사원이 임원이 되기까지는 평균
21.2년 걸리는 것으로 나타났다. 대부분의 기업에서 대리로는 90퍼
센트 이상, 과장으로는 70퍼센트 이상 승진한다. 하지만 피라미드 조
직의 특성상 위로 갈수록 승진은 어려워진다. 차장 승진은 40퍼센트,
부장 승진은 20퍼센트가 되지 않는다. 이때부터는 승진에 심사가 들
어가기 때문에 좋은 업무 실적 외에도 인맥과 운 등 다양한 변수가
작용된다. 그렇게 부장까지 오른 사람들 중에서도 고르고 골라서 되
는 게 임원이다. 같은 경총 조사에서 대졸 신입사원이 임원으로 오른
비율은 1퍼센트가 채 되지 않는 것으로 나타났다. 바늘구멍이라는
말이 딱 들어맞는 이야기다.

　사실 임원들이 받는 혜택을 보면 누구나 한 번쯤은 해보고 싶어 할
만도 하다. 우선 연봉이 부장 시절의 두세 배가 된다. 억대 연봉은 기
본이고 성과급까지 붙으면 수십 억대의 부귀영화를 누리는 이들도
적지 않다. 또 별도의 사무실이나 칸막이가 쳐진 독립된 사무 공간도
제공받는다. 전화를 대신 받아주고 스케줄을 관리해주는 미모의 비
서도 생긴다. 회사에서 지급해주는 차량도 생긴다. 흔히 임원이 되면
일상에 필요한 세 가지가 없어진다고 한다. 외투, 가방, 우산인데, 집

문 앞에 차량이 대기하고 회사 문 앞까지 데려다주기 때문에 실외에 있을 일이 거의 없어진다는 뜻이다.

그러나 세상사가 다 그렇듯 임원이 되었다고 좋아만 할 일은 아니다. 새벽 출근, 늦은 퇴근, 잦은 회식 등의 무리한 업무로 인한 건강 악화를 겪는 일이 부쩍 는다. 심 팀장처럼 상하간의 수직적 커뮤니케이션이 고착화되어 가족 간의 대화에 어려움을 호소하는 일도 더러 있다. 또한 임원으로 재직 기간이 그리 길지 않은 것도 문제다. 컨설팅 업체 아인스파트너의 국내 100대 기업 퇴직임원 현황분석을 보면 임원 승진 1년 만에 17퍼센트가 퇴직하고, 16퍼센트가 2년 만에 퇴직하는 것으로 나타났다. 전체 임원의 33퍼센트, 즉 셋 중 한 명은 3년을 못 버티는 것이다. 이런 이야기를 하며 나는 심 팀장에게 물었다. "그래도 임원 하고 싶으세요?" 그가 대답했다. "남자가 칼을 뺐으면 무라도 썰어야지요!" 심 팀장처럼 임원이 되고자 하는 이들에게 나는 세 가지 일과 삶의 지혜를 당부하고 싶다.

업무 처리를 확실히 하라

■ 　　　　　　외국계 회사에서 늘 여성 최초란 말을 달고 다니며 임원 자리를 차지한 여직원이 있었다. 그녀를 임원 자리에 오르게 한 것은 신출귀몰한 경영 전략이나 카리스마적 리더십이 아니었다. 그것은 정성스러운 복사 실력이었다. "부산에 있는 대학을 졸업하고 상

경해 제가 처음으로 맡은 일이 복사였어요. 그때만 해도 사무실에 대형 복사기가 귀할 때였습니다. 저는 복사할 때 종이를 대는 판, 덮는 뚜껑을 모두 약품과 걸레로 깨끗이 닦고 종이를 정확히 제자리에 배치한 뒤 복사를 했어요. 혹시라도 복사하면서 나오는 검은 점 등 잡티를 없애기 위해서였지요. 그리고 스테이플러도 정확히 일정한 위치에 찍었지요. 언제부터인가 사람들이 복사 서류만 보고도 제가 한 것인 줄 알아보더군요. 하루는 사장님께 낼 결재 서류를 복사하란 지시를 받았어요. 퇴근 시간이 지나서 복사를 하는데 양이 많아서인지 그만 복사기가 고장이 났지 뭐예요. 비상 연락망을 가동해 퇴근한 복사기 회사 직원을 수소문, 협박 반 애걸복걸 반 심야 수리를 부탁해 결국 새벽 세 시 무렵에야 겨우 복사를 마칠 수 있었습니다." 이것이 소문나면서 사장님 귀에 들어갔고, 사장은 "복사를 이처럼 정성스럽고 책임 있게 하는 직원이라면 무엇을 맡겨도 잘할 것"이라고 신뢰를 표하며 그녀에게 가고 싶은 부서를 물어 배치해주었고, 그곳에서 승승장구하며 그녀는 임원 자리까지 오를 수 있었다.

이처럼 임원은 자신이 맡은 일 하나만큼은 확실하게 처리하는 사람이다. 전문가를 지향하는 사람은 좋아하는 일 혹은 잘하는 일에 초점을 맞추지만, 임원을 꿈꾸는 사람은 현재 맡은 일에 초점을 둔다. 그게 좋아하는 일일 수도 있고 아닐 수도 있다. 또한 자신의 전공을 살린 일일 수도 있고 그렇지 않을 수도 있다. 이런 것들은 중요한 것이 아니다. 그저 현재 맡은 일에 최선을 다하고 그곳에서 성과를 내야 한다. 그래서 임원들은 곧잘 이렇게 말한다. "좋아하는 일이나 잘하는 일을 하려고 하지 마라. 이는 비현실적인 조언이다. 대신 맡은 일을 사랑해라. 일을 좋아하게 되면 성과를 내게 되고 일도 잘하게 된다." 위의 여직원이 맡았던 복사가 되었든 심 팀장이 맡았던 소프트웨어 개발 업무가 되었든, 임원이 되고 싶다면 자신이 맡은 업무만큼은 확실히 처리하는 사람이 되어야 한다.

인간관계 스킬을 익혀라

■   임원은 사원이나 대리 시절의 확실한 업무 처리 능력뿐 아니라 팀장 시절의 리더십도 검증받아야 오를 수 있는 자리다. 업무 처리 능력이 개인 단위의 업무 성과를 내는 능력이라면, 리더십은 팀 단위의 업무 성과를 내는 능력을 의미한다. 리더십은 팀 전체가 공유할 수 있는 비전을 제시하고, 그 비전을 달성하기 위해 각자의 방식에 맞게 동기를 부여하고, 함께 일하고 즐거워할 수 있는 분위기를 만들어주는 능력을 말한다. 비전 공유, 동기 부여, 즐거운 분위기 등 리더십의 요체는 인간관계 스킬이다.

임원이 되고자 한다면 일찍부터 확실한 일처리와 더불어 일상에서의 인간관계 스킬도 익혀두어야 한다. 리더십은 팀장이 되어서 배우기 시작하면 늦다. 대리나 과장 시절에 아래로 후배가 한두 명 생기면 그때부터 연습을 해두어야 한다. 그래야 팀장이 되었을 때 자연스럽게 리더십을 발휘할 수 있다. 심 팀장이 맡아왔던 소프트웨어 개발 업무는 다른 어떤 업무보다도 확실한 처리가 요구되는 업무였다. 문제는 함몰이었다. 업무에 필요한 기술이 보이면 그는 날을 새거나 새로 배우는 열정으로 업무를 마무리하곤 했다. 하지만 외딴섬처럼 모든 문제를 혼자 해결하려는 자세에서 벗어나야 하는 것이 심 팀장처럼 일 잘하는 이들의 과제다. 혼자가 아니라 다른 후배에게 맡기고, 때로는 후배를 가르쳐서 함께 문제를 해결하는 방식을 이제부터라도 배워야 한다.

그렇기에 팀장이 되기 전부터 후배와의 1:1 커뮤니케이션, 특히 성과 코칭에 익숙해져야 한다. 또 다소 답답해 보이는 상사나 후배와의 커뮤니케이션은 인간관계 스킬을 배울 수 있는 좋은 기회라 할 수 있다. 또한 팀장이 되면 팀 전체로서의 1:N 회의 커뮤니케이션을 차근차근 연습해나가는 것도 중요하다. 하지만 이때도 1:1 성과코칭을 병행하는 것이 효과적이다. 한 걸음 더 나아가 보다 큰 회의나 많은 직원 앞에서 스피치하는 기회를 통해 회사 전체 관점의 조직관리 스킬까지 배워간다면, 임원이라는 꿈에 한 발 더 가까이 갈 수 있을 것이다. 한편 임원이 되고자 하는 자가 배워야 할 일상은 전략적 실행이다. 전략적 실행이 무엇인지 다음 이야기를 통해 살펴보자.

대한항공의 언어가
영어가 된 이유

■　　　　2000년 초, 대한항공은 델타 항공의 데이비드 그린버그를 안전보안실의 비행담당 임원으로 영입했다. 그는 부임하면서 '대한항공의 공용어는 영어다. 만약 대한항공의 조종사로 남고 싶다면 기내에서는 영어로 의사소통해야 한다'는 규칙을 가장 먼저 만들었다. 이를 위해 그는 영어 실력 평가를 강화하고, 항공 영어 능력을 향상시킬 수 있는 프로그램을 개발하였다. 또 보잉의 계열사인 알테온에 대한항공의 교육 및 훈련 프로그램을 이관했다. 이 역시 영어가 중심이었다. 조종사는 세계 어디서든, 심지어 관제탑과 대화할 때도 영어로 말해야 한다. 그러나 그의 규칙에는 한 가지 더욱 특별한 이유가 있다. 대한항공이 유창한 영어 정책을 펼친 이유를 알려면, 1997년 대한항공 괌 사고의 원인에 대한 다양하고도 깊은 이해가 필요하다. 다음은 사고 내용을 일부 요약한 것이다.

비행기는 괌 공항을 향해 고도를 낮추기 시작했다. 기장은 육안으로도 착륙이 가능할 것 같다고 말했다. 그는 괌 공항과 김포 공항 사이를 8번이나 운항한 경험이 있었기 때문에 공항과 그 주변 지형을 잘 알고 있었다. 랜딩 기어가 내려갔다. 오전 1시 41분 48초. 기장이 말했다. "와이퍼 온." 기관사가 와이퍼를 켰다. 비가 오고 있었다. 부기장이 혼잣말을 했다. "안 보이잖아?" 그는 활주로를 찾고 있었지만 보이지 않았다. 1초 후에 충돌 방지 장치에서 전자음성이 들려왔다. "500피트." 비행기는 지상으로부터 500피트, 즉 150미터밖에 떨어져 있지 않았던 것이다. 그 위치에서 활주로가 안 보일 리가 있을까? 2초가 지났다. 기관사가 "어!"라며 놀라는 투로 말했다.

오전 1시 42분 19초, 부기장이 말했다. "착륙을 포기합시다." 조종간을 당기고 하늘로 올라가 큰 원을 그린 다음 다시 착륙을 시도하자는 얘기였다. 1초 후에 기관사가 말했다. "안 보이잖아." 부기장이 덧붙였다. "안 보이죠? 착륙 포기!" 오전 1시 42분 22초, 기관사가 다시 말했다. "올라갑시다." 오전 1시 42분 23초, 기장이 대답했다. "고 어라운드 (Go Around, 고도상승)." 하지만 오전 1시 42분 26초, 대한항공 801편은 공항의 남서쪽 4.8킬로미터 지점에 있는 야산 니미츠 힐의 언덕을 들이받았다. 6,000만 달러에 달하는 21만 2,000킬로그램짜리 강철은 시속 160킬로미터의 속도로 암석지대에 처박히고 말았다. 구조대원들이 추락 현장에 도착하기도 전에 254명의 탑승객 중 228명이 사망한 끔찍한 사고였다.

사고 이후 세계 각처에서 사고 분석이 잇따랐다. 그중에서 앞이 잘 보이지 않는 나쁜 날씨 이외에도 '권력 간격 지수가 높기 때문'에 사고가 일어났다는 지적이 상당한 설득력을 갖는다. 권력 간격 지수 (PDI, Power Distance Index)란 사회학자 기어트 홉스테드가 주창한 개념으로, 특정 문화가 위계질서와 권위를 얼마나 존중하는지 나타내는 지표다. 쉽게 말해 우리나라 같이 부모와 상사 등의 위계가 높으면 권력 간격 지수가 높은 것이고, 미국처럼 윗사람의 권위가 약하면 권력 간격 지수가 낮은 것이다. 전 세계 조종사들의 권력 간격 지수 조사 결과, 우리나라는 2위를 차지했다.

그린버그가 영어를 공용어로 사용하라는 규칙을 만든 것은 임원으로서 그의 전략적 실행이 무엇인지 잘 보여준다. 그는 대한항공 조종사들을 대량 해고하고 권력 간격 지수가 낮은 문화권에서 데리고 올 수 있는 인건비가 싼 조종사로 대체하라는 권유를 수없이 받았지만, 그는 이를 거부했다. 그의 주문은 단순했다. "조종석에 앉았을 때는 선배와 후배, 형과 동생이라는 기존의 역할에서 벗어나야 합니다. 영어는 그 전환을 이끌어내는 열쇠입니다." 영어로는 한국어의 복잡한 경어 체계를 사용할 수 없기 때문에 그는 가장 현실적이고 가장 정확한 대안이라고 자신했다. 대한항공 조종사들이 영어로만 이야기하는 규칙을 준수한다면 비행 사고가 가장 많은 항공사 중 하나라는 딱지를 뗄 수 있을 거라고 믿었다. 그린버그의 믿음대로 2000년 이후 대한항공은 안전한 항공사 중 하나가 되었다.

전략적으로 실행하라

■　　　　　위의 이야기는 임원이 되고자 하는 자가 갖추어야 할 세 번째 지혜가 전략적 실행임을 보여준다. 흔히 전략은 전술과 대비된다. 전략은 방향 설정을 위한 큰 틀을 잡는 것이다. 반면 전술

은 세부적 방법론을 의미한다. 여기서 중요한 것은 '크다'는 것이다. 조종사의 비행 사고를 줄이기 위해서는 권력 간격 지수를 낮춰야 하고, 이를 위해 수평적 커뮤니케이션이 가능한 영어를 공용어로 사용하겠다고 목표를 잡은 그린버그의 지혜가 좋은 예라 할 수 있다. 그린버그는 권력 간격이 낮은 문화권에서 데리고 올 수 있는 인건비가 싼 조종사로 대체할 수 있었다. 그러나 한국 정서에 맞지 않는다는 큰 방향과 큰 틀의 관점에서 보면 썩 좋은 전략이 될 수 없었다.

전략적 사고와 실행 능력을 키우기 위해 어떤 일상을 살 수 있을까? 무엇보다 나는 전략적 책 읽기를 권하고 싶다. 책 읽기는 확실한 업무 처리나 인간관계의 성숙처럼 직접 체험할 수 있는 일이 아닌 수많은 것들에 대한 간접경험을 극대화할 수 있는 좋은 기회다. 성공인이나 다른 기업의 성공 스토리를 사례 연구를 통해 익혀두면 폭넓은 사고에 많은 도움이 된다. 여기에 다른 사람과의 대화를 통해 사고의 폭을 더욱 확장할 수 있다. 하지만 무엇보다 중요한 것은 개인적인 적용이다. 어떤 책을 읽었든 혹은 어떤 사람과 대화를 나누었든 거기서 배우고 익힌 것을 종합하여 현재의 업무에 적용하려는 노력이 필요하다. 스스로의 전략적 사고 능력을 시험해보는 일상이 꾸준히 모여야 대한민국 1퍼센트 임원의 길이 열리는 법이다.

6장

평생현역

나는 언제까지 현역으로
일할 수 있을 것인가

퇴직 후에도
오래 일하고 싶은 박 차장

■　　　　　박 차장은 서울에 소재한 유명 사립대의 전자공학과를 졸업했다. 성적도 좋아 대기업에서 주는 장학금을 받고 다녔다. 그리고 졸업하자마자 그 기업으로 취업하여 그곳 연구소에서 5년 동안 일했다. 그런데 사장 상까지 받으며 장래가 촉망되던 그가 어느 날 갑자기 사표를 쓰고 회사를 그만두었다. 평소에 잘 따르던 선배의 반도체 장비 관련 벤처 창업을 돕겠다는 핑계였다. 하지만 속으로는 자기 사업을 해보고 싶다는 욕망이 있었다. 선배의 사업을 옆에서 지켜보면서 실전 경험을 쌓고자 하는 것이 그의 속내였다. 이 같은 욕

망에 따라 그는 대기업의 안락함을 버리고 벤처라는 험난한 길을 선택했다.

대기업에서 대리였던 그는 벤처 회사에 가자 곧바로 부장이 되었다. 그리고 10여 명으로 시작한 회사는 3년 내에 100여 명의 직원을 거느린 중소기업으로 성장했다. 하지만 그게 다였다. 성장은 거기서 멈췄고, 회사는 그에게 높은 일자리나 연봉도 주지 못했다. 부장에서 이사로 승진은 했지만 허울뿐이었다. 자신이 사업거리로 생각하고 있던 아이디어까지 선배에게 내어주며 회사를 위해 내달렸지만 더 이상의 기적은 없었다. 그는 결국 그곳을 그만두었다. 험난한 8년간의 벤처 생활 끝에 그가 얻은 것은 '사업은 만만치 않다'는 평범하면서도 깊은 깨달음 하나였다.

운 좋게도 그는 첫 직장의 경쟁사로 재취업하는 데 성공했다. '그 회사 입장에서는 경쟁사의 경험과 벤처 경험이 필요했던 것'이라고 그는 생각했다. 자기 사업을 할 사람이 왜 다시 대기업으로 취업했느냐는 지인들의 질문에는 "벤처에서 얻은 경험도 중요하지만, 새로운 아이템을 발견하는 데는 대기업이 유리하다"고 받아쳤다. 창업을 위한 새로운 아이템을 획득하면 50세에는 자기 사업을 할 것이라며 나름의 데드라인도 세웠다.

문제는 아내가 반대한다는 것. "지금 당신 나이 서른아홉, 나는 서른다섯, 아들은 아홉, 딸은 다섯이에요. 당신 나이 오십이면 아들은 대학생이고 딸은 초등학생이라고요. 조용히 회사 다니면서 아들 녀석 대학 등록금 받아 와야 당신 역할 다한 거라고 생각하세요. 그다음은 내 차례고요.”

이렇게 말하는 그의 아내는 미술을 전공하여 지금은 개인지도를 하고 있다. 아이들을 가르치는 실력도 있어서 적긴 하지만 꾸준히 생활비는 보탤 수 있다. 박 차장이 퇴직하고 나면 그 돈으로 미술학원을 창업하여 둘이 먹고살 만한 돈 정도는 충분히 벌 수 있다는 게 아내의 주장이다.

박 차장의 질문은 ‘돈을 얼마나 많이 벌 수 있느냐?’가 아니었다. 그에게 더욱 중요한 이슈는 ‘내가 얼마나 오랫동안 일을 할 수 있느냐?’였다. 결국 창업을 한다는 것은 일을 가장 오래 할 수 있는 박 차장만의 방법론이었던 셈이다. 어느 정도 나이가 들면 희망퇴직이다 명예퇴직이다 해서 퇴직 압력이 들어올 것이다. 이때 당당히, 깨끗하게 사표를 쓰고 나가서 자기만의 일에 도전하고 싶다는 것이 그의 바람이었다.

나는 코칭을 하면서 늘 수많은 박 차장을 만난다. 퇴직 시점을 가급적 뒤로 미루고 싶고, 퇴직을 하게 되더라도 남들 보란 듯이 자기 사업을 번듯하게 차리고 싶은 것이 직장인들의 마음이다. 그렇다면 이 땅의 박 차장들은 얼마나 오랫동안 일을 해야 할까? 그리고 얼마나 오랫동안 일을 할 수 있을까?

인생에도 사계절이 있다

■   박 차장에게 나는 강창희 소장의 『당신의 노후는 당신의 부모와 다르다』라는 책을 일독하라고 권했다. 강 소장은 이 책에서 100세 시대를 맞이하게 될 한국인들에게 지금부터 노후를 철저히 준비하라고 주장하고 있다. 그가 주장하는 노후준비의 핵심은 '평생현역'이 되는 것이다. 한국증권선물거래소, 대우증권, 현대투자신탁운용, 굿모닝투신운용 등을 거치며 직장인의 로망인 임원과 부회장까지 두루 지낸 그는 70대가 된 지금도 투자교육연구소장으로 왕성히 활동하고 있다. 물론 금융인 출신답게 재무적인 준비도 놓치지 않고 있지만, 평생현역으로 일하기 위한 준비가 먼저임을 그는 강조한다.

나는 하얀 A4 용지 위에 원을 하나 그렸다. 그리고 그 위에 가로선과 세로선을 그어 원을 4등분했다. "100세 시대를 살아야 하는 차장님은 인생의 사계절을 지나게 됩니다. 25세까지는 가정과 학교 중심의 준비기인 봄, 50세까지는 회사 중심의 제1 활동기인 여름, 75세까지는 사회 중심의 제2 활동기인 가을, 그리고 이후는 가족 중심의 통합기인 겨울입니다." 마흔이 넘어가면 왠지 인생의 가을을 맞이하는 느낌이 든다는 박 차장에게 나는 "40대도 여전히 여름입니다. 차장님의 기분대로라면 40대 후반이면 늦여름이라고 할 수 있겠네요."라고 했다. 나이 서른아홉이면 아직도 가장 뜨거운 여름을 나고 있는 셈이다.

뜨거운 여름의 시기에 인생의 가을과 겨울을 준비해야 한다는 것은 박 차장에게는 걱정거리지만, 이는 미래를 준비하는 지혜로운 자세이기도 하다. "저와 이런 이야기를 나누는 것이 강 소장이 말하는 노후준비의 시작이기도 합니다. 퇴직하고 노후를 준비하면 늦습니다. 사업을 하고 싶다면 직장에 다니는 지금부터 준비하셔야 합니다. 지금이 언제나 미래 준비의 시작이지 않습니까?" 그는 고개를 끄덕이며 대안을 물었다. 박 차장뿐만이 아니다.

우리 모두는 이제 평생 일을 해야 한다. 하면 좋고 안 하면 그만인 시대가 결코 아니다. 이제는 누구나 반드시 평생 일을 할 각오를 해야 한다.

하고 싶은 일로 시작하라

■　　　　　취업은 일의 시작을 의미한다. 이때 고려할 점은 직장과 직무 두 가지다. 하지만 대부분의 취업 준비생은 직장을 먼저 고르려 한다. 제조업, 금융업, 서비스업 등 업종에 상관없이 연봉 많이 주고 복지 혜택이 많은 직장을 찾는다. 업종의 특성이라도 조금 알고 가면 좋을 것 같은데, 가장 기본적인 정보 수집도 제대로 하지 않고 직장을 정한다. 내가 만난 한 임원의 말처럼 "부모님이 시키는 대로 공부를 하고, 성적에 맞춰 대학을 가느라 제대로 된 선택을 해본 경험이 없기 때문"이다. 그래서 대기업이나 외국계 기업처럼 그럴

듯한 직장에 들어갔다 하더라도 약 30퍼센트의 신입사원이 1년 안에 퇴사한다. 자신이 선택한 직장이 자신과 맞지 않다는 것을, 또 '여기서 이런 식으로 평생 일할 수는 없겠구나'라는 사실을 깨닫게 되기 때문이다. 한 직장만 바라보면서 평생을 일하는 것만큼 고통스러운 일도 없다.

내가 권하는 대안은 직무적 관점이다. 인사, 재무, 마케팅, 영업, 연구개발 등 자신이 하고 싶은 일과 관련된 직무를 먼저 선택하라는 조언이다. 그렇지 않은 회사도 몇몇 있지만, 대부분의 회사는 처음 선택한 직무가 평생의 일로 고착되는 경우가 허다하다. 어차피 평생할 일인데 하고 싶은 걸 하며 살아야 하지 않을까? 하고 싶은 일을 하면서 열정을 쏟아 부을 때 더 잘하게 된다는 사실도 기억하면 좋겠다.

물론 평생의 일은 하고 싶은 일로만 꾸려갈 수 없다. 그 일을 잘할 수 있어야 한다. 그래야 오랫동안 일할 수 있다. 오랫동안 하고 싶은 일을 갈고닦을 때 그 일이 잘하는 일이 되고, 그 잘하는 일을 통해 오랫동안 일을 할 기회를 잡을 수 있는 선순환을 만들어낼 수 있다. 그러니 어떻게 평생의 일을 시작할지 좀 더 진지하게 고민해볼 일이다. 그 고민의 시작은 이런 질문이 아닐까 싶다. '내가 하고 싶은 일은 뭐지?'

커리어에도
하프타임이 필요하다

■　　　　　대개의 직장인은 그럭저럭 살다 보면 대리, 과장을 거쳐 차장, 부장까지 승진도 하고 그만큼 연봉도 오르는 경험을 하게 된다. 결혼도 하고 아이도 낳고 그렇게 시간은 흘러간다. 그런데 하루하루 열심히 살고 있다가 어느 날 갑자기 '내가 잘 살고 있는 건가, 이렇게 일만 열심히 하는 것이 맞나, 내가 언제까지 회사를 다닐 수 있을까?' 하는 질문들이 고개를 든다. 이런 질문은 한 번으로 끝나지 않는다. 어쩌면 며칠, 몇 주, 아니 몇 달 동안 지속되기도 한다. 빠르면 30대 초반에 찾아오기도 하지만, 마흔 살 전후가 되면 누구나 이런 질문이 수시로 고개를 들게 된다. 환장할 정도로 말이다. 하프타임이 찾아온 것이다. 물론 하프타임은 단순한 휴식 시간만을 의미하는 것은 아니다. 스포츠 선수들도 하프타임이라고 마냥 쉬지만은 않는다. 이는 전반전의 강점을 극대화하고 약점을 보완하는 전략의 시간이기도 하다.

그러다 예기치 않게 임원이라도 되면 행운이다. 임원은 대한민국 1퍼센트, 아니 그 미만의 사람들이 누리는 행운이다. 나머지 99퍼센트는 계속해서 달리지 못하는 셈이다. 설사 임원이 되었다손 쳐도 경력 질주 후에 오는 찾아오는 경력 정체를 피해갈 수는 없다. 이 시기는 40대 중반에서 50대 중반쯤이다. 정상을 향해 산을 열심히 뛰어오르다 평평한 고원을 만난 셈이다. 그래서 이 시기를 '경력 고원기'

라고도 한다. 평생의 일이라 생각하고 죽어라 일해왔는데 더 이상 올라갈 자리도 할 일도 보이지 않는 것이다. 가족을 위해 평생 일만 해왔는데, 어느 순간 가족들 사이에서 왕따가 되어 있다는 허무함이 덮쳐오는 시기이기도 하다.

그럴 땐 "변화에는 대가가 필요하다"는 말을 곱씹어볼 필요가 있다. 더 높이 올라가기 위해, 더 많은 돈을 벌기 위해 지금보다 몇 배는 더 바빠질 삶을 선택할 것인가? 아니면 돈은 좀 적게 벌더라도 시간적으로 다소 여유 있는 삶을 선택할 것인가? 이런 문제들을 두고 자문해볼 때다. 나에게 소중한 것은 무엇이지? 그것을 얻으려면 무엇을 포기해야 하지?

퇴직으로 시작하는 진짜 인생

■　　　　　직장인이라면 누구나 퇴직을 할 수밖에 없다. 하지만 꼭 기억해두어야 할 말이 있다. 퇴직은 끝이 아닌 새로운 시작이라는 것. 이 말은 아무리 강조해도 지나치지 않다. 우리나라 평균 퇴직 연령은 50대 중반이다. 이때의 퇴직은 단순히 자리에서 물러나는 것 이상도 이하도 아니다. '내 일'의 끝은 퇴직이 아니다. 일흔 넘어서 맞이하게 되는 은퇴다. 은퇴란 건강, 혹은 능력상의 이유로 스스로 일을 그만두는 것이다. 그렇기에 퇴직 후에도 은퇴하기 전까지 일을 지속한다는 것은 자발적으로 일에 참여할 수 있는 의지와 능력이

있음을 의미한다. '퇴직은 새로운 시작'이라는 말은 자발적 참여를 강제화하는 말이다. 그동안 하고 싶었던 일을 할 수 있는 절호의 기회이기 때문이다. 욕심을 낼 필요는 없다. 한 달에 100만 원만 벌어도 4억 원을 은행에 예치해둔 것과 동일한 재무적 효과를 거둘 수도 있다. 사실 더 욕심을 줄여 한 달에 50만 원만 벌어도 성공적이지 않을까 싶다. 다만 여기에는 한 가지 조건이 붙는다. 하고 싶은 일이어야 한다는 것. 퇴직까지 하고 난 마당에 생계만을 위한 일에 매달리는 것은 곤란하다. 퇴직 후에는 돈이 좀 적게 벌려도 하고 싶은 일을 하는 것이 중요하다. 다음에 소개할 김종헌 씨의 이야기가 좋은 사례가 될 수 있다.

베이커리&북카페
김종헌의 창업기

■   대학을 졸업한 김종헌 씨는 남들처럼 보통의 직장에 취업을 했다. 그리고 능력을 인정받아 이사가 되면서 임원의 길에 들어섰다. 성공적인 직장생활을 해오던 그는 마흔이 되자 흔들리는 자신을 발견했다. 말이 좋아 임원이지 결국은 임시 직원이자 월급쟁이에 불과한 자신의 신세가 초라하게 느껴졌다. 그는 어렴풋이 꿈꿔오던 '베이커리&북카페'를 인생의 2막으로 삼기로 했다. 그렇게 꿈이 정해지니 회사 생활도 더 할 만하다는 생각이 들었다. 방황을 끝

낸 그는 직장생활을 더욱 열심히 했다. 더욱 많은 경험을 쌓고, 인맥을 형성했다. 그 모든 것이 결국은 인생 2막의 귀중한 자산이 되리라고 믿어서였다. 그는 회사의 대표이사까지 오르며 승승장구하다가 50대 중반에 스스로 사표를 던지고 회사를 그만두었다. 그리고 홍천에 베이커리&북카페 '피스 오브 마인드'를 차리고 북마스터 겸 사장이 되었다.

그런 그의 카페에는 종종 40대 무렵의 남자들이 찾아와서 자신의 10년 후를 걱정하며 조언을 구한다. 그는 그들을 보면 꼭 20여 년 전 자신의 모습을 보는 듯도 하여, 인생 선배로서 또 직장 상사의 시각으로 매서운 얘기며 따스한 얘기며 가리지 않고 나누어준다. 그렇게 하다 보니 그는 베이커리&북카페 경영자라는 공식적인 호칭 외에도 '인생 2막 전문 카운슬러'라는 이름 또한 얻게 되었다. 그는 그들에게 이렇게 말한다. 살아온 날들을 돌아보면 마흔은 결코 방황을 할 나이가 아니라고. 꿈을 꿀 나이라고. 진짜 자신의 인생을 살겠다고 결심할 나이라고.

"사직서를 냈을 때 남들이 미쳤다고 했어요. 억대 연봉에, 사외이사나 고문 같은 자리로도 갈 수 있던 상황이었으니까요. 하지만 나이도 자꾸 먹는데 계속 기업에서 전쟁 치르듯 살아야 하나 싶었죠. 어릴 때부터 추구했던 꿈을 늦기 전에 이뤄야겠다는 마음이 더 절실했어요." 그는 사직서에도 단순히 '일신상의 이유'가 아니라 '베이커리&북카페를 하기 위해' 퇴사한다고 적었다. 구체적인 목표와 오랜 계획에서 나온 자신감이었다.

"남자 나이 마흔이 넘으면 누구나 하게 되는 고민이죠. 정말 괴로운 시기예요. 스물이 사춘기라면 마흔은 '사추기(思秋期)'라고 할까요. 그때를 잘 넘기려면 일찍부터 꿈을 키워야 합니다. 정말 좋아하는 삶의 모습 말이죠. 막연하게가 아니라 아주 구체적으로요." 다행히 그는 아내와 함께 꿈을 꾸는 행운을 잡았다. 김 사장 부부는 둘 다 서울 토박이다. 서울서 살던 집을 덜컥 팔고 아무 연고도 없는 강원도에 내려와 생전 처음 해보는 카페를 운영하기로 결심할 수 있었던 이유는 분명하다. 부부의 오랜 꿈이었기 때문이다.

이런 얘기를 하는 이들도 간혹 있다. "에이, 사장님은 억대 연봉 받았다면서요? 저 같은 평범한 월급쟁이들하고는 처지가 다르잖아요." 혹은 "사장님은 모아놓은 돈도 있고 하니까 결심도 쉬웠겠죠. 저는 달라요. 당장에 먹고살 일이 걱정입니다." 그런 직장인들의 말에 그는 웃고 만다. 이런 사람은 아직 준비가 안 된 것이라고 말한다. 그의 이야기를 직접 들어보자.

"변화에는 반드시 대가가 필요합니다. 그 대가를 치르지 않으려고 하니까 결심이 힘든 겁니다. 만일 돈을 좇는다면 현재의 회사 생활보다 몇 배는 바빠질 것을 각오하고 나서야 합니다. 하지만 여유 있는 삶을 누리고자 한다면 경제적인 수준이 지금보다 낮아질 것이라는 각오쯤은 하고 있어야겠지요." 쉽게 말하자면 자신의 라이프스타일에 대한 점검과 계획이 확실해야 한다는 얘기다. "우리 부부는 서울에서 카페를 차릴 수도 있었습니다. 만일 서울 청계산 어디쯤에 지금 같은 스타일의 카페를 차렸다면 수입도 지금보다 두세 배는 많았겠지요. 하지만 북카페는 돈을 많이 벌자고 한 것이 아니거든요. 그동안 도시와 직장생활에서 잃었던 여유를 찾고 싶었습니다. 그리고 느슨하지만 부부가 좋아하는 일을 하면서 전원에서 남은 생을 마감하고 싶었습니다."

이 이야기는 오랫동안 일을 하고 싶다는 박 차장과 같은 고민을 하는 직장인들에게 중요한 시사점을 던져준다. 우리 인생의 목적이 '일의 성취(achievement)'에 그쳐서는 안 된다는 것이다. 뼈 빠지게 일만 하다가 죽는 것은 너무 슬픈 일이다. 우리는 이제 커리어를 뛰어넘어 생활 전반을 아우르는 '삶의 충만함(fulfillment)'에 대한 지혜를 가져야 한다.

박 차장도 '남들 보란 듯이 자기 사업을 해보고 싶다'는 자신의 꿈과 '내가 좋아하면서 사회에도 도움이 되는 일을 하고 싶었다'는 김종헌 씨의 이야기를 비교해볼 수 있다면 좋겠다. '경쟁적인 모습을 이제는 내려놓고, 하고 싶은 일을 찾아내면 그 안에서 사회에 도움이 되는 일도 찾을 수 있겠구나'라는 생각에 새 힘을 얻을 수 있을 것이다. 또 '내 사업 따로 아내 미술학원 따로'가 아니라 두 사업을 융합할 수 있을 것이라는 깨달음도 얻을 수 있을 것이다. 그럼으로써 아내와 함께 일구어가는 IT 기반의 미술학원에 대한 힌트를 얻어갈 수도 있을지 모른다.

우리의 인생은 일만으로 이루어진 것이 아니다. 건강, 가족, 재무, 친구, 여가 등 다양한 요소가 얽혀 돌아가는 게 인생이다. 이런 것들이 커리어와 융합될 때 진정한 자기 삶을 살아갈 수 있다. 오랫동안 일을 하고픈 그대에게 박 차장과 김종헌 씨의 이야기가 주는 메시지는 무엇인가? 일의 성취를 넘어 삶의 충만함을 바라보는 연습을 지금부터 시작해보자.

PART 2

벼랑 끝에 선
직장인

7장

대화와 소통

진솔한 대화가 어려운
직장인들을 위하여

다섯 번이나 회사를 옮긴
경력사원의 딜레마

■   40대 초반의 경력사원 권 차장이 코칭을 요청해왔다. 그는 인사를 나누고 자리에 앉자마자 입을 열었다. "지금까지 해온 일은 IT 기획이나 IT 전략 등 조직 내부의 일이었습니다. 그런데 지금 제가 하는 일은 고객사에게 IT 관련 제안을 하거나 프로젝트 수행 지원을 돕는 것입니다. 외부 고객사들을 대상으로 하다 보니 예전보다는 다소 힘이 많이 드네요. 다시 내부의 일을 해야 할지, 아니면 힘들어도 참으면서 외부의 고객 업무를 배워야 할지 고민입니다."

사내 업무를 주로 해온 분이 왜 고객사의 기술 지원 업무를 하게 되었는지 묻자 그는 이런저런 상황을 설명했다. 그가 새로운 회사에서 업무를 시작한 지 한 달 만에 조직 개편이 일어났다. 그러면서 모든 것이 꼬이기 시작했다. 자신의 팀이 다른 팀으로 흡수·통합되었는데, 새로운 통합 팀장은 다른 팀의 팀장이 맡게 되었다. 그 새 팀장이 자신을 부르더니 '사정이 생겨 내부의 IT 기획 업무는 다른 사람이 맡을 것 같고, 고객사의 기술지원 업무를 도와주어야 할 것 같은데 괜찮겠느냐'고 물었다. 그는 '그렇게 하겠다'고 했다. 새로운 통합 부서에서는 자기주장을 강하게 할 수 있는 분위기가 아니었다. 경력 사원으로 입사했기에 팀 통합이 이루어지는 초반에는 뭔가 조심해야 한다는 생각이 들었다고 했다.

권 차장은 회사를 여러 번 옮긴 이력을 가지고 있었다. 이름만 대면 알 만한 IT 회사들을 이미 다섯 군데나 다녔고, 이번 회사가 벌써 여섯 번째다. 좋은 회사들을 그만둔 이유도 다양하다. 첫 직장에서는 맡은 일이 적성에 맞지 않아서, 두 번째 직장에서는 헤드헌터가 더 좋은 조건의 회사를 소개해줘서, 세 번째 직장은 출퇴근 시간이 너무 오래 걸려서, 네 번째 직장은 본사가 지방으로 옮겨가게 되었지만 자신은 서울에 남고 싶어서, 다섯 번째 직장에서는 존경하던 상사가 나른 회사로 옮기면서 따라 옮겼다는 것이다.

권 차장과 이야기를 나누면서 나는 말의 내용보다 특정 단어가 자꾸만 마음에 걸렸다. 그는 이야기만 시작하면 '솔직히 말씀 드리자면' '코치님 앞이라 숨김없이 말하자면' '저의 솔직한 마음은'처럼 '솔직히'라는 말을 붙였다. 상담이나 코칭 자리에서는 솔직하게 말하는 것이 기본이긴 하지만, '솔직하게'라는 단어의 사용 횟수에는 과도한 면이 있었다. 나는 동료나 상사와도 여기서처럼 솔직한 이야기를 나누는지 물었다. 그는 '제 이야기를 하면 이기적으로 보일까 싶어서' '들어온 지 얼마 되지도 않은 사람이 이것저것 따진다는 말을 들을까 걱정돼서' 회사에서는 솔직한 이야기를 나누지 않는다고 했다.

이런 이야기를 나누면서 권 차장은 아주 중요한 깨달음을 하나 건졌다. "동료나 상사와 솔직하게 이야기를 나누지 못하니 속으로 불만이 쌓이게 되고, 그렇게 하다가 불만이 누적되면 회사를 그만두는 쪽을 선택해온 것 같기도 하네요." 잠깐의 침묵이 흘렀다. 그는 용기를 내어 내면의 깊숙한 마음을 더 솔직하게 표현하려 애썼다. "저는 회사에서 인간관계가 나쁘다고는 생각하지 않았는데, 소통이 제대로 이루어지지 않은 것은 분명한 것 같습니다. 다른 이유도 있었겠지만, 소통의 부재도 잦은 이직의 원인이 될 수 있겠네요. 저는 다른 사람들과 대화를 하기보다 혼자 책 읽기를 즐겨왔으니 말입니다." 그러고는 "저, 아직 미혼입니다. 혼자 있는 게 좋아서 결혼도 안 했습니다"라며 애써 웃었다.

그는 상사에게 부담이 될까 싶어서, 아니 솔직하게 말하면 자신이 스스로 부담이 되어서 상사와 솔직한 이야기를 못한다고 했다. 동료와 이런 저런 이야기는 하지만 편한 편은 아니라고. 데이트에서의 대화는 더욱 불편하다고. 커리어 개발이나 IT에 관한 대화는 그리 어렵지 않지만, 끈끈한 인간관계를 요구하는 대화는 어색하다고.

'나홀로족'이 늘고 있다

■   요즘은 권 차장처럼 다른 사람들과 있기보다 혼자
있기를 좋아하는 '나홀로족'이 넘쳐난다. 커피숍은 친구나 연인을 만
나 대화를 나누는 공간이기도 하지만, 혼자서 노트북으로 일을 한다
거나 책을 읽는 공간이기도 하다. 나홀로족의 증가로 커피숍은 다른
사람들과 대화를 나누는 사회적 공간에서 혼자 쉬고 일하고 공부하
는 개인적 공간으로 변모하고 있다. 영화관도 나홀로족들을 위한 마
케팅 전략으로 싱글석을 마련해 적극 활용하고 있는 실정이다. 이들
은 홀로 극장에 가서 보고 싶었던 영화를 관람한다. 한 편으로 끝나
지 않고 두세 편을 보기도 한다. 물론 식당도 혼자 간다. 이런 나홀로
족의 증가로 이젠 1인용 테이블과 의자를 배치한 식당을 찾아보기가
어렵지 않다.

　스마트폰이 대중화되면서 나홀로족은 더욱 기세등등해졌다. 이들
은 자투리 시간이 나면 어김없이 스마트폰을 꺼내 든다. 엘리베이터
앞에서도, 동료들과의 점심시간에도 스마트폰은 없어서는 안 될 필
수품이다. 자투리 시간을 이용해 스마트폰을 꺼내 뉴스를 읽고, 웹툰
이나 웹드라마를 보고, 게임을 하고, SNS를 즐기는 등 짧은 시간에
간편하게 즐길 수 있는 문화를 '스낵컬처'라고 한다. 스낵처럼 빠르
고 가볍게 즐기는 문화라는 뜻이다. 이러한 스낵컬처가 직장인의 출
퇴근길과 자투리 시간을 메우면서 동료들 간의 대화는 더욱 줄어들
고, 나홀로족은 점점 혼자만의 세계로 빠져든다. 이것이 스마트폰 보

급률 세계 1위를 자랑하는 대한민국의 또 다른 현실이기도 하다.

스마트폰으로 시간을 때우기가 아깝다고 생각하는 나홀로족은 점심시간을 활용한 자기계발에 열심이다. 이들은 샌드위치나 김밥 등으로 점심을 간단히 먹고, 남은 시간은 피트니스 센터에 등록해 운동을 하거나 몸매 관리를 한다. 어학 학원에 등록해 비즈니스 영어회화, 중국어, 일어 등에 도전하기도 한다. 직장인이 많은 여의도나 강남 일대의 학원엔 점심 클래스가 호황이다. 햄버거를 사무실에 가지고 들어와 인터넷이나 모바일 혹은 전화를 활용해 외국어 공부를 하기도 한다. 야근이 일상화되어 있고, 칼퇴근이 어려운 분위기 때문에 차라리 점심시간을 쪼개 활용해보자는 생각으로 점심시간을 의미 있게 사용하고자 하는 나홀로족이 늘어나는 추세다.

하지만 아무리 나홀로족이 많아진다 하더라도 우리네 일과 삶은 혼자 만들어갈 수 없음에 분명하다. '혼자의 힘'보다는 '함께의 힘'이 언제나 세다. 그렇기에 일과 삶의 성공과 행복을 위해서는 인간관계를 바탕으로 한 커뮤니케이션이 절대적으로 필요하다. 그렇다면 그런 '함께하는' 커뮤니케이션은 어떻게 시작하는 것이 좋을까?

동료와 수시로 잡담하라

■　　　　　함께하는 대화의 시작은 언제나 인사다. "안녕하세요?" 혹은 "좋은 아침입니다"라는 간단한 인사로 상대방의 존재를 인

정할 수 있다. 인사를 하지 않는 것은 상대방의 존재를 인정하지 않는, 혹은 무시하는 행동이다. 그래서 인사를 하지 않으면 '싸가지 없는 인간'으로 비춰질 수 있다. 인사를 한다는 것은 "당신이 거기 계시는군요"라고 말을 거는 것이다. 직장동료처럼 매일 보는 사람들에게는 "오늘따라 옷 색깔이 더 멋져 보입니다"라거나 "머리 스타일을 바꾸고 나니 더 멋있네요"라고 인사함으로써 상대방의 존재에 대한 관심을 깊이 있게 표현할 수 있다.

인사 후에는 잡담, 즉 '스몰토크'로 대화를 이어갈 수 있다. 동료와의 잡담은 정보의 교류라는 측면에서 인간관계의 촉매제가 된다. 동료와의 잡담을 통해 새로운 정보를 얻게 되고, 이를 통해 새로운 인간관계를 준비할 수 있기 때문이다. 또한 잡담은 공식석상에서 못 다한 이야기를 마무리 짓게 하는 조직 내 윤활유 역할을 한다. 사실 일이란 논리적인 프로세스만으로 흘러가는 것이 아니다. 친분 같은 감정적인 이유로 일은 다소 비합리적으로 흘러가기도 한다. 그뿐 아니라 잡담은 삭막한 일의 세계에서 놀이와 치유제가 되기도 한다. 동료가 전해준 유머 한 마디로 웃을 수 있는 잠깐의 시간은 일터가 놀이터가 되는 순간이고, 잘하면 거기서 창의적인 문제 해결의 단초를 발견할 수도 있다. 이렇듯 일을 하다가도 중간중간 잡담을 나누거나 커피 한 잔 하면서 잠시 동료와 이야기를 나누는 것은 생산성을 저하시키는 것이 아니라 오히려 성과에 도움을 준다는 연구결과가 더 많다. 그러니 안심하고 잡담을 즐겨보자.

선배와 상사에게 질문하라

■　　　　　　동료와의 대화는 기본적으로 수평적이다. 잡담을 통해 자연스러운 형태로 정보를 주거니 받거니 하는 것이다. 반면 선배나 상사와의 대화는 대개 수직적이다. 특히 우리나라처럼 위계질서가 강한 사회에서는 선배나 상사의 지시에 따른 대화가 많은 편이다. 이런 상황에도 불구하고 선배와 상사와의 대화에서도 자기주도적인 대화를 만들어갈 수 있는데, 그 중 한 방법이 질문이다. 질문은 신입사원만의 특권이 아니다. 일 잘하는 직원들의 특징이 바로 자주 질문하는 것이다. 상사의 지시에 "네, 알겠습니다." 하고 바로 일을 하러 가는 직원은 50점짜리다. 그러나 지시사항의 목적이나 배경을 질문하는 직원은 최소 80점은 먹고 들어간다.

선배나 상사가 알아서 노하우를 전해주면 좋겠지만, 선배나 상사도 바쁜 일정으로 진지한 대화를 하기가 쉽지 않다. 그러니 먼저 다가가 "선배님, 5분만 시간 좀 내주세요!" 하고 요청해보라. 예를 들어 야간 대학원을 다니고 싶다면 야간 대학원 경험이 있는 선배를 찾아가 "제가 이번에 심리상담 대학원과 경영 대학원 중 하나를 골라 야간 대학원에 진학하려고 하는데, 선배님 생각은 어떤지요?"라고 질문하면서 그의 노하우를 배울 수 있다. 또한 "부장님, 10분만 시간 좀 주세요!"라고 말하고, 옆 팀 상사에게 질문을 던질 수도 있다. "부장님께서도 아시다시피 이번 프로젝트는 이런 어려움이 있는데, 부장님 입장에서는 어떤 부분에 초점을 맞추시겠습니까?"라고 질문해보

라. 옆 팀 부장의 업무 노하우를 전수받을 절호의 기회를 잡을 수 있을 것이다.

정말로 하고 싶은 게 뭐예요?

■　　　　　　1979년에 태어난 젊은 일본인 고마자키 히로키는 대학을 졸업한 뒤 베이비시터를 하는 어머니에게서 '아픈 아이를 돌보느라 결근하는 바람에 해고된 사람'의 이야기를 듣고, 보육 업계 최대의 난제인 '병아 보육 문제'를 알게 되었다. 그는 이를 해결하리라 다짐하고 도전에 나섰다. 우선 스스로를 설득하기 위해 노트를 펼친 뒤 그 노트를 채워갔다. 병아 보육을 하는 시설에는 세 종류가 있었다. 소아과 의원 안에 작은 방을 만들어서 그곳을 병아 보육 공간으로 만든 곳, 보육원 옆에 열이 나거나 감기에 걸린 아이들을 위한 공간을 마련한 곳, 그리고 별로 많지는 않지만 병아 보육을 전문으로 하는 시설. 그런데 이 시설들은 일본 전역의 2퍼센트만 커버하고 있다는 통계가 눈에 띄었다. 98퍼센트의 지역에서는 이용할 수 없다는 말이었다. 수요가 있다는 확신이 들었고, 설득력도 있었다. 그는 이 사업을 시작하기 위해 본격적인 준비에 들어갔다.

　여러 어려움 속에서 그에게 든든한 힘이 되어준 곳이 비영리법인을 도와주는 한 기관이었다. 그곳의 미야기 대표를 사람들은 '신선'이라고 불렀다. 히로키는 문제가 있을 때마다 그를 찾아가곤 했다.

미야기: 어떻게 된 거죠? 어쩐지 기운이 없어 보이네요.

히로키: 저, 무슨 얘기부터 꺼내야 좋을까요. 구청장이 브레이크를 걸어서 기대했던 보조금을 얻지 못하게 되었습니다. 시설을 열더라도 경제적으로 어려울 것 같아 시작 자체를 포기하는 편이 좋겠습니다. 이런 이유로 지금까지 도와주신 것에 감사드리러 왔어요.

미야기: 질문 하나만 할게요. 정말로 하고 싶었던 게 뭐예요?

히로키: 신선, 아니, 미야기 씨. 제가 무엇을 하고 싶어 하는지는 지금까지 수백 번 말씀 드린 걸로 아는데요.

미야기: 그래도 듣고 싶네요.

히로키: 그러니까 병아 보육 문제를 해결하고 싶었습니다. 그랬는데 지금은 갑자기 모든 것이 물거품이 되어버렸습니다. 이제 어쩔 도리가 없어요.

미야기: 병아 보육 문제를 해결하는 데 새로운 '병아 보육 시설'이 필요한가요?

히로키: 똑같은 소리를 몇 번이나 묻는 거예요! 아, 아, 잠깐만요. 맞아요. 시설을 만든다는 건 수단이었는데, 어느새 수단이 목적이 되어버렸네요. 다른 방법을 생각해보겠습니다!

히로키는 인사도 제대로 하지 않고 사무실로 달려가 노트를 펼쳐 생각을 적기 시작했다. '맞아. 아픈 아이들을 맡아줄 곳은 전문 시설이 아니어도 된다. 그렇다면 어디?' 그때 어린 시절이 뇌리를 스쳤다. '그래. 마츠나가 아주머니! 그분이 아픈 나를 맡아줬었지. 마츠나가

아주머니를 대량 생산하면 되지 않을까? 그래. 의사와 손잡고 육아에 도움을 줄 수 있는 체제를 구축하자!'

그는 이렇게 '탈(脫) 시설 모델'을 기반으로 하여 현대 사회에서는 거의 소실된 '주민들이 서로 돕는 육아 프로그램'인 플로렌스 프로젝트를 시작할 수 있었다. 이 프로젝트가 초기에 안착할 수 있었던 것은 아키야마 노리코 기자와의 대화 덕분이었다. 아키야마 기자는 "고마자키씨, 프로젝트를 시작할 때는 반드시 프레스 릴리스를 치세요"라고 조언을 아끼지 않았다. "프레스 릴리스는 보도자료예요. 이것을 기자에게 보내면 그 자료를 본 기자가 기사로 만들죠." 그 조언대로 히로키는 프레스 릴리스를 써서 기자들에게 보냈다. 마침내 한 기자가 취재해간 내용이 기사화되었고, 그 기사가 또 다른 취재와 기사를 낳았다. 이런 과정을 통해 결국 《아사히신문》과 《닛케이신문》, NHK 등에서 히로키의 플로렌스 사업을 무료로 기사화해주었다. 이후 히로키는 NPO 인증을 취득하고 대표이사에 취임했다. 그는 일본에서 전국 최초로 '보험 성격을 띤 병아 보육 지원 시스템'인 '플로렌스 팩'을 시작하여 일본에서 큰 호응을 얻고 있다.

전문코치와 역할모델을 찾아가라

■   히로키의 이야기는 특별한 만남과 대화의 힘을 보여준다. 동료와의 잡담을 통한 수평적 대화와 선배나 상사의 노하우

를 전수받는 수직적 대화로 대화의 사각형을 만들어가다가, 더 큰 걸음을 내딛고 싶을 때는 전문코치나 역할모델을 찾아가 나누는 확장적 대화를 활용할 수 있다. 비용 면에서 부담이 되기에 매번 그럴 수는 없지만, 3년이나 5년 등 주기적으로 전문코치를 만나 한두 시간 이야기 나누는 것은 지금까지의 일과 삶을 정리하고 새로운 계획을 짜는 데 효과적이다. 일반인들이 알지 못하는 깊은 곳을 긁어주고, 그 속에서 통찰력 있는 방향성을 함께 고민하는 사람이 전문코치들이다. 때문에 외부의 시각, 그리고 전문가적 시각을 받아들여 새로운 그림을 그리며 자신의 커리어를 업그레이드할 수 있다. 그렇기에 일과 삶의 방향성에 점검이 필요한 시기라면 주저하지 말고 전문코치를 찾아가자.

역할모델은 자신이 장차 도달하고 싶은 목표에 이미 도달해 있는 인물이다. 그런 사람과의 대화를 통해 성공에 대한 작은 격려라도 받을 수 있다면 목표에 한 걸음 더 다가서는 좋은 경험이 될 수 있다. 평소에는 멀찍이서 그저 바라보며 인터넷으로 그의 활동이나 움직임을 살펴보거나 저서를 찾아 읽으면서 그 길을 따라가는 연습을 하라. 그리고 특별한 날을 잡아 하루 정도 휴가를 내고 그를 찾아가보라. "평소 선생님을 역할모델로 삼고 있습니다. 저의 마흔 번째 생일을 맞아 선생님께 저의 앞길에 대한 조언을 듣고 싶어 찾아뵙고 잠깐 이야기를 나누고 싶습니다"라는 진지한 태도를 보인다면 대개의 역할모델은 승낙한다. 사실 역할모델이나 저자들은 멀리 있지 않다. 우리가 찾아가지 않았기 때문에 멀리 있는 것처럼 보일 뿐이다. 그러니 두려워하지 말고 용기 내어 찾아가보라. 역할모델과의 대화로 새로운 세상을 만날 수 있을 것이다. 히로키의 기적이 그대에게도 일어나길 소망한다.

8장

어학의 늪

영어, 꼭 배워야만 할까

영어 때문에 시름에 빠진 류 과장

■   류 과장은 중소기업에서 중견기업으로, 다시 대기업으로, 점점 크고 좋은 회사로 옮겨간 자부심이 있는 사람이라고 자신을 소개했다. 그의 이야기를 들어보니 그는 참 열심히 살아왔다. 그는 상업계 고등학교를 졸업하고, 늦게 철이 들었다. 4년제 대학에 들어가기에는 '그 놈의 점수'라는 현실적인 어려움이 있었다. 그래도 대학에 가겠다는 뜻을 품었기에 일단은 2년제 전문대학에 들어갔다. 그곳에서 열심히 공부했고, 후에 방송통신대학교에 편입하여 4년제 대학을 졸업했다. 그리고 보란 듯이 일반대학원 석사과정까지 마쳤다. 그에겐 늦게 시작된 공부였지만 어느 누구보다 열심히 했다는 자

부심이 있었다. 대학원을 마치고 그는 작은 중소기업에서 일을 시작했다. 그런 뒤 좀 더 조건이 좋은 회사로 두 번 정도 옮겨 갔다. 그리고 이제는 이름만 대면 누구나 다 아는 회사에 다닌다며 무척이나 기뻐했다.

"저는 성장에 대한 욕구가 강한 편이라 뭐든 열심히 배워왔습니다. 시설 관리 업무 관련 전문 자격증도 땄고요, 높은 분들께 인정받기 위해 골프도 열심히 배웠습니다. 하지만 영어 공부는 시도만 하다가 계속 작심삼일만 되풀이하게 하네요. 영어 공부도 열심히 해보고 싶은데 자꾸만 실패하는 상황이 되어 참 고민입니다." 어학 공부는 중소기업에 다닐 때는 전혀 문제가 되지 않았단다. 하지만 중견기업으로 가면서 그 필요성을 좀 더 느끼게 되었고, 대기업에 와서는 진짜 공부해야겠다는 생각이 들었단다. 나는 무슨 이유에서인지 물었다. "사실 업무적으로 외국 사람들을 만나 영어로 이야기하거나 메일을 주고받을 일은 전혀 없습니다. 다만, 대기업에 와서 보니 업무 조사할 때 외국 자료를 뒤지는 동료들을 보면서 오기가 생기더군요. 그리고 해외여행 갈 때도 좀 속된 말로 쪽팔리기도 하고요."

나는 류 과장에게 일의 관점과 생활의 관점을 대비하여 보여주면서 어떤 관점에서 영어 공부가 더 필요한 것인지 물었다. 이 질문을 받고 그는 중요한 깨달음을 얻었다는 듯이 자신의 상황을 이렇게 정리했다. "사실 커리어에는 영어가 필요하지 않은 것 같습니다. 영어를 잘 알아서 자료 조사를 영어로 하면 좋겠지만, 그렇게 하지 않아도 얼마든지 업무를 잘할 수 있습니다. 다만 해외여행 같은 생활적 관점에서, 혹은 자존심 차원에서 영어를 잘했으면 좋겠다는 생각을 했던 것 같습니다." 그리고 이렇게 말을 이었다. "그러고 보니 제가 영어를 공부해야 한다는 막연한 생각만 했지, 스스로 동기 부여를 한 것은 아니었던 것 같습니다. 지금까지 해왔던 학교 공부나 자격증 등은 제가 스스로 동기 부여를 했기 때문에 제대로 된 것 같고요. 그런데 영어는 진짜 공부해야 할 이유가 없었네요" 하며 그는 웃었다.

"중학교 때부터 영어 공부를 하다가 포기하고, 또 하다가 포기한 게 20년은 넘은 것 같습니다. 진짜 엄청 짜증나는 스트레스가 된 영어의 묵은 감정을 한 방에 다 날려버리니 정말 후련합니다"라며 고마워하는 그의 손을 잡아주며 나는 그를 응원해주었다. 그는 스스로 결론을 내렸다. "이제부터 영어 공부는 하지 않을 겁니다. 그렇다고 제가 가만히 놀 스타일은 아니니, 차라리 이 시간에 저의 업무이자 노후 관점에서도 관심 있는 시설 관리 관련 공부나 더 열심히 하겠습니다. 자격증이라도 하나 더 따 보겠습니다. 퇴직 후에 조그만 빌라 하나만 지어도 다른 사람들에게 맡기면 다 돈을 줘야 하는데, 제가 스스로 할 수 있다면 그것도 괜찮을 것 같네요." 코칭룸을 나서는 그의 걸음이 한결 가벼워 보였다.

대한민국 직장인의 자기계발

■   '공부하는 직장인'을 의미하는 '샐러던트(샐러리맨과

스튜던트의 합성어)'가 점점 늘고 있다. 직원 300명 이상 기업에 재직 중인 남녀직장인 1,213명을 대상으로 실시된 '직장인 샐러던트족 현황'에 대한 한 온라인 취업 사이트의 조사결과에 의하면, 자기계발을 위해 공부하고 있다고 답한 응답자가 68.1퍼센트로 조사됐다. 하루한 시간(30.6퍼센트)이나 두 시간(34.0퍼센트)을 투자한다는 응답이 절반이상으로 가장 많았고, 복수로 응답한 공부 방법에 대해서는 오프라인 학원에서 수강(70.8퍼센트)하거나, 인터넷 강의를 수강(74.5퍼센트)한다는 응답자가 가장 많았다. 또 비용은 한 달에 '10만~15만 원 미만'을 투자한다는 응답이 49.2퍼센트로 가장 많았다.

경기 불황이 계속되고 기업의 지속적인 구조조정에 대한 불안감이 확산되는 것도 직장인을 자기계발에 나서게 하는 요인이다. 이는 다른 온라인 취업사이트가 직장인 1,482명을 대상으로 '회사에서 위기감을 느끼고 있는가'라고 묻자 51.0퍼센트가 '그렇다'고 답한 것에서도 잘 드러난다. 이들은 '회사가 불안정해서(28.6퍼센트)'라거나 '실적이나 성과가 부진해서(16.8퍼센트)' 라는 등의 이유로 위기감을 느끼고 있다고 답했다. 일과 개인 생활로 바쁜 중에 틈을 내어 공부에 투자하는 가장 큰 이유는 '더 나은 직장으로의 이직(33.2퍼센트)'이나 '직장에서의 승진을 위해(24.7퍼센트)'라는 응답이 가장 높았다.

잡코리아의 한 이사는 "이전에도 자기계발에 열성적인 직장인이 많았지만, 최근 경제 상황이 어려워지면서 그 비율이 더 늘어나고 있다"면서 "회사의 감원 바람이 자신한테 닥칠 수도 있고 그렇게 되면 나는 어떻게 해야 할까 하는 고민에서 샐러던트들이 증가하고 있다"

고 말했다. 또한 "영어 등 외국어 분야에 집중되어 있는 자기계발의 폭을 넓혀야 한다"는 지적도 설득력을 얻고 있다. 현실적인 선택만이 대안은 아니라는 것이다. 그는 "쫓기는 심정에서 정작 본인의 관심 분야가 아닌, 현실적으로 어떤 것이 좋더라고 하는 외부 판단에 따라 공부를 하게 되면 쉽게 흥미를 잃을 수도 있다"면서 "자기계발은 본인 적성에 맞는 것을 찾아서 하는 것이 중요하다"고 조언했다.

실제로 류 과장의 예처럼 자기계발에 실패하게 되는 것은 비단 한 사람만의 이야기가 아니다. 대한민국 직장인이라면 모두 한 번씩은 겪어봤을 법한 이야기다. 그렇다면 자기 적성에 맞는 자기계발이란 구체적으로 어떤 것을 말하는 것일까?

무라카미 하루키,
글쓰기와 달리기

■　　　　　　사람들은 대부분 겉모습만 보고 작가의 글쓰기를 조용한 지적 노동으로 간주한다. 하지만 『노르웨이의 숲』『1Q84』등의 소설로 세계적인 명성을 얻은 일본의 대표 작가 무라카미 하루키는 "장편소설을 쓰는 것은 육체노동에 가깝다"고 주장한다. 책상 앞에 앉아 신경을 레이저 광선처럼 한 곳에 집중하고, 무의 지평에서 상상력을 발휘해 이야기를 만들어내고, 적합한 단어를 일일이 선택해서 전체의 흐름을 있어야 할 위치에 계속 유지시키는 작업은 일반

적으로 생각하는 것보다 훨씬 많은 에너지를 장기간 동안 요하기 때문이다.

작가로서 성공하기 위해 필요한 세 가지를 그는 재능, 집중력, 지속력으로 꼽는다. 그는 이 중에서도 재능보다 집중력과 지속력의 근력을 쌓아가는 쪽에 더 후한 점수를 주는 편이다. 집중해서 지속적으로 글을 쓰면서 어떻게든 견뎌나가는 사이에 자신 안에 감춰져 있던 진짜 재능과 만날 수 있는 행운을 얻을 수 있기 때문이다. 이런 행운을 가능케 하는 것은 깊은 구멍을 파나갈 수 있을 만큼 확실한 근력을 계속해서 키우는 것이라고 그는 주장한다. 이런 마음을 담아 그는 묘비명에 다음과 같은 글귀를 써 넣고 싶다고 했다. '무라카미 하루키, 작가 그리고 러너, 적어도 끝까지 걷지는 않았다.'

집중력과 지속력의 근력을 기르기 위해 환갑이 넘은 나이에도 그는 달리기를 하고 있다. 마라톤 풀코스를 25회 이상이나 완주한 달리기 광이기도 하다. 노년의 나이에도 지치지 않고 달리는 소설가 하루키에게 달리기는 어떤 의미일까? 그의 이야기를 직접 들어보자. "달린다는 것은 나에게 있어 유익한 운동인 동시에 유효한 메타포이기도 하다. 어제의 자신이 지닌 약점을 조금이라도 극복해가는 것. 그것이 중요한 것이다. 장거리 달리기에 이겨내야 할 상대가 있다면, 그것은 바로 과거의 자기 자신이기 때문이다." 그에게 달리기는 운동인 동시에 글쓰기를 위한 자기계발의 과정이라고 할 수 있다.

하루키가 막 전업 소설가가 되고 나서 맨 처음 직면한 심각한 문제는 건강의 유지였다. 본래 주의하지 않으면 살이 찌는 체질인 그는 아침부터 밤중까지 책상에 앉아서 원고를 쓰는 생활을 하게 되자 체력이 점점 떨어지고 체중도 불어났다. 신경을 집중하는 와중에 그도 모르게 담배도 지나치게 피우게 되었다. 그 무렵에는 하루에 60개비의 담배를 피워댔다. 손가락이 누렇게 되고 온몸에서 담배 냄새가 났다. 체력을 지키면서 체중을 적절히 유지하기 위해 방법을 찾지 않으면 안 되었다. 그 방법이 바로 달리기였다. 달리기는 무엇보다 동료나 상대를 필요로 하지 않는다. 축구나 야구 등 사람들과 어울리는 팀 경기를 좋아하지 않는 그에게 안성맞춤이었다. 달리기를 하면서 그는 자연스럽게 담배를 끊었다. '더 달리고 싶다'는 욕구는 금연을 위한 중요한 동기가 되었다. 담배를 끊는 것은 이전 생활과의 결별을 의미하는 상징 같은 것이었다.

달리기를 시작한 후 그는 하루 조깅 페이스로 한 시간에 10킬로미터 달리기를 목표로 세웠다. 일주일에 6일, 하루 10킬로미터를 달려 일주일에 60킬로미터를 달리는 것이다. 일주일에 7일, 매일 10킬로미터를 달리면 좋겠지만, 비가 오는 날도 있고 일이 바빠서 시간을 낼 수 없는 날도 있고 '오늘은 피곤하니까'라는 생각에 달리고 싶지 않은 날도 있을 거라는 생각에 하루쯤은 쉬는 날을 정해놓았다. 그는 꾸준히 달렸다. "계산을 해보니 월평균 260~310킬로미터를 달렸다. 물론 매일매일 정확하게 10킬로미터를 달렸다는 것은 아니고, 어제는 15킬로미터를 달리고, 오늘은 5킬로미터밖에 달리지 않은 날도 있다. 평균해서 하루에 10킬로미터라는 말이다." 꾸준히 달리기 위해 정확히 기록하는 그의 자세가 놀라웠다.

이를 위해 그는 아침 다섯 시 전에 일어나 밤 열 시 전에 잔다. 그에게 하루를 통틀어 가장 활동하기 좋은 시간대는 이른 아침의 몇 시간이다. 대개의 경우 서너 시간 정도 아침나절에 집중해서 글을 쓴다. 책상에 앉아서 글을 쓰는 일에만 의식을 집중한다. 다른 일은 아무것도 생각하지도, 보지도 않는다. 그 시간에 에너지를 집중해서 글쓰기를 끝내버린다. 그 뒤의 시간은 운동을 하거나 잡무를 처리하거나 그다지 집중을 필요로 하지 않는 일들을 처리한다. 해가 지면 느긋하게 지내며 더 이상 일은 하지 않는다. 책을 읽거나 음악을 듣거나 하며 편히 쉬면서 되도록 빨리 잠자리에 든다. 간소하고 규칙적이면서도 심플한 생활이다.

글쓰기와 달리기로 대표되는 그의 삶은 참으로 열정적이다. 일에 대한 열정으로 그는 세계적인 작가로 우뚝 설 수 있었고, 삶에 대한 열정으로 달리기를 진짜 즐기는 수준에 이를 수 있었다. 하루키의 열정적 삶을 통해 우리는 이렇게 질문하게 된다. "우리는 어떻게 열정적으로 일하고 자기계발도 할 수 있을까?" 글쓰기와 달리기의 선순환이라는 예를 다시 살펴보자. 외국어 공부, 자격증 취득, 건강한 몸 만들기 등 자기계발을 어떻게 해야 할지 고민하는 류 과장과 같은 이 땅의 직장인들에게 좋은 교훈이 될 수 있을 것이다.

자기계발은 스스로에 대한
동기 부여로부터

■　　　　　글쓰기와 달리기의 조합은 보다 나은 일과 삶을 위한 자기계발의 모범을 보여준다. '하루 종일 앉아서 글을 써야 하는데, 체력 증진과 금연을 위해 뭔가가 필요하다'는 생각에 그는 달리기를 시도했다. 앉아서 글을 쓰는 일과 달리는 자기계발의 상호보완적인 궁합이 잘 맞아떨어진다. 또 동료나 상대를 필요로 하지 않는다는 점도 그에게 딱 들어맞았다. 자신의 성격과 잘 어울리는 자기계발로 그는 세계적 작가로 우뚝 설 수 있었다.

영어, 자격증, 여행, 요리 등 우리는 수많은 자기계발적 유혹의 시대에 살고 있다. 하지만 우리는 그 모든 것에 손을 대지는 않는다. '그게 나에게 맞아?' '나한테 필요해?'라고 질문하기 때문이다. 맞다. 그런 질문이 자기계발의 시작점이다. '영어 공부가 나에게 필요한가?'라는 질문을 통해 류 과장은 더 이상의 불필요한 낭비를 막을 수 있었다. 스스로 동기 부여가 되지 않으니 공부가 될 리 없었고, 그런 것을 더 이어갈 필요는 없었던 것이다. 요지는 스스로에게 동기를 부여하는 힘이다. 다들 하니까, 트렌드니까 마냥 따라가는 것으로는 동기 부여가 되지 않는다. '이게 나에게 필요한가?'라고 스스로 묻는 질문이 자기계발의 시작이다.

자기계발의 기본은 지속이다

■　　　　　　　'중학교 때부터 영어 공부를 하다가 포기하고, 또 하다가 포기한 게 20년은 넘은 것 같다'는 류 과장의 가장 큰 문제점은 비지속성이다. 다른 직장인들도 마찬가지다. 외부의 자극이 있을 때는 모종의 압박감과 불안감으로 자기계발을 시작한다. 하지만 내부적으로 지속적인 동기 부여가 되지 않기 때문에 오래가지 못한다. 어제는 자기계발을 하지 않고 있다가, 오늘은 자기계발을 하려고 결심하고, 내일은 자기계발을 시도하다가, 그다음 날은 자기계발을 그만둔다. 그러고는 이렇게 결론을 내리고 만다. '그래, 작심삼일이라는 말이 괜히 있는 게 아니지.'

　류 과장의 자기계발과 대비되는 하루키의 달리기는 지속성에 바탕을 둔다. 그의 꾸준한 달리기가 보여주듯 자기계발을 실행하는 데 가장 중요한 것은 지속성이다. 일시적이고 억지로 하는 노력이 아니라 평생에 걸쳐 꾸준히 해나가는 것이기에 취미에 가깝다 할 수 있다. 그렇다고 해서 처음부터 잘 할 필요는 없다. 지속적으로 나아지고 있기만 하다면 잘하고 있는 것이다. 중요한 것은 꾸준히 실행하는 것이다.

자기계발은 일과 삶의 선순환이다

■　　　　　　　스스로 동기를 부여하고 지속성을 유지하고 있다면, 다시 한 번 자신의 자기계발을 삶 전체적인 관점에서 조명해보자. 류 과장의 영어 공부는 자기계발의 한 영역이라 할 수 있다. 그러나 그의 경우 영어 공부보다 자기계발을, 자기계발보다는 경력개발을 실행하는 것이 좋다. 물론 이는 모두에게 마찬가지다. 상위의 개념 안에서 무언가를 실행하면 그 의미가 더욱 뚜렷해지기 때문이다. 그런 의미에서 류 과장의 경우는 영어 공부보다는 자신의 전문 직무를 깊게 파고드는 공부 혹은 일반 교양 도서를 다양하게 읽는 것도 좋은 방법이 될 수 있다. 이렇게 자신만의 경력개발로 전문가가 된다면, 외국어가 필요한 경우 통역사 혹은 번역가를 활용하면 된다.

일에 대한 열정이 삶에 대한 열정으로 이어지면 금상첨화다. 그러기 위해서는 글쓰기를 위한 달리기 그리고 달리기로 인한 글쓰기의 효율성 증대처럼, 일과 생활의 긍정적 순환을 만들어내는 것이 중요하다. 열정적으로 일하고 열정적으로 자전거 타기, 열정적으로 일하고 열정적으로 친구나 애인 만나기, 혹은 열정적으로 일하고 가족들과 산책하며 대화하기 등으로 우리의 일과 삶이 풍성해지면 좋겠다. 특히 자신이 하는 일을 보완해주는 삶의 지혜를 갖길 소망한다. 육체노동을 하는 사람은 지적으로, 사무실에 앉아 있는 사람은 운동으로, 사람을 대하는 일을 하는 사람이라면 예술로. 그렇게 자기만의 방법으로 일과 삶의 통합을 이루어가면 좋겠다. 우리는 일의 성취감만으로는 살 수 없다. 일의 성취감을 넘어 생활 속 충만함을 만끽하는 것이 열정적으로 일하고 열정적으로 산다는 말의 진정한 의미가 아닐까?

9장

경험과 학습

백 권 읽는 것이
한 번 해보는 것만 못하다

효과 없는 자기계발에
지친 윤 대리

■   "어떻게 시작하게 되었어요?" 코칭을 마무리하는
자리에서 내가 윤 대리에게 물었다. "팀장님이 저를 불러 성과-커리
어 통합 코칭을 해보자고 하셨어요. 뭐든지 새로운 것을 해보면 좋다
는 생각에 흔쾌히 시작했습니다." 대리를 단 지 얼마 되지 않은 시기
여서인지 그녀의 눈은 '한번 해보겠다'는 열정으로 가득했다. 그 열
정으로 그녀는 70일 동안 코치인 나와 자신의 소속 팀장을 번갈아
만났다. 나와는 장기적 관점에서의 커리어에 대한 코칭을 받았고, 소
속 팀장과는 단기적 관점에서 일과 성과에 대한 이야기를 나누었다.

코칭의 성과를 극대화하기 위해 소속 팀장과 코치와 나눈 모든 이야기는 메일을 주고받는 형식으로 세 명 모두가 공유하기로 했다.

"처음에는 '뭐가 있을까?'라고 생각을 했어요. '나는 사비를 털어서라도 교육에 적극적으로 참여하고 자기계발 서적도 많이 읽는데 그것과 무슨 차이가 있지?'라는 생각이랄까요?" 그렇게 작은 발걸음을 내딛은 뒤 윤 대리는 의도하지 않은 멋진 통찰을 하나 얻게 되었다고 했다. "교육이나 자기계발 서적은 잠깐의 동기 부여는 됩니다. 하지만 며칠만 지나면 금세 사라지고 말았거든요. 그러면서 '나는 교육이나 자기계발 서적에 나오는 사람들처럼 하지 못할까?'라는 생각 때문에 자존감도 많이 낮아졌습니다." 하지만 다른 대안이 없었기에 '마약을 복용하는 것처럼' 간헐적으로 교육이나 자기계발 서적을 또 찾게 되었는데, 이번 코칭은 달랐다고 한다. "코치님도 잘 아시겠지만, 제가 계획한 것을 사실 제대로 많이 지키지 못했잖아요. 그런데 이상하게도 그때마다 실망이 되거나 위축이 되지는 않았습니다. '누구나 다 그렇게 실패한다'는 코치님의 말씀이 힘이 되었습니다. 한두 번 실패했다 하더라도 다시 시작해서 '오늘 하루만 성공하자'는 생각을 하니까 신기하게도 자신감이 생기더라고요." 그랬다. 그녀는 초반에 제대로 실천하지 않아 소속 팀장이 좀 걱정하기도 했었다.

"가장 기억에 남는 것은 엑셀입니다. 제가 엑셀을 잘 못하니까 코치님과 목표를 세우길 '선배와 엑셀에 대해 주 3회 이야기한다'고 했는데, 사실 첫 3주 동안은 3회가 아니라 1회도 제대로 못 했어요." 그랬다. 윤 대리는 조심성 있고 소심한 성격이라 다른 사람에게 먼저 말 걸기를 힘들어해서 나도 그 목표가 다소 벅차다는 생각을 했었다. "4주째 된 시점에서 코치님의 격려와 소속 팀장님의 협박 아닌 협박으로 몇 번 시도했는데, 해보니까 이게 너무 좋더라고요. 처음에는 한 선배와만 대화를 나누었는데, 나중에는 다른 선배들에게도 많이 물어보게 되었어요. 그리고 단순한 질문에서 복잡한 질문으로 가니 선배들도 하나라도 더 가르쳐주려고 했고요." 그녀는 질문을 하게 되면서 업무에 자신감을 갖게 되었고, 소속 팀장이 그토록 원하던 동료와의 커뮤니케이션도 많이 하게 되었다고 참 좋아했다.

이번 코칭을 통해 윤 대리는 커리어 목표도 새롭게 설정했다. 디자인학과를 나와 디자인 전문가가 되겠다는 신입사원 시절의 목표에서 좀 더 현실적인 목표를 설정하게 된 것이다. 전공한 과목의 전문가가 되어야 한다는, 학생 같은 순진한 생각에서 벗어나 현재 업무와의 연관성을 살려 '디자인에 강점을 둔 모바일 서비스 기획자'를 커리어 목표로 삼았다. 이 목표 수정으로 인해 그녀는 소속 팀장으로부터 "이제 진짜 프로가 되어가는구나!"라고 인정도 받았다. 현재의 주변 업무를 잘 조율하고 전체 업무를 디자인할 수 있는 기획자로 변신해가는 그녀가 믿음직스러웠다.

성과를 내는 6:3:1의 황금비율

■　　　　　　임원이든 전문가든 목표를 이루려면 실행이 뒤따라야 한다. 윤 대리는 전문가에 초점을 맞춘 경우다. 그녀가 해왔던 것처럼 '실행'이라고 하면 사람들이 가장 먼저, 또 많이 떠올리는 것이 교육이다. 회사에서 교육을 제대로 시켜주지 않는다고 아쉬워하고 때로는 회사를 욕하기까지 하는 직장인도 많다. 혹 회사의 현실에 실망한 이들은 사비를 내며 교육을 받으러 가기도 한다. 개인의 성장과 발전에 교육이 도움이 되는 것도 사실이지만, 성과를 내기 위해 일을 하고 있는 직장인들에게는 교육보다 더욱 비중이 크고 효과적인 방법이 있다는 사실을 아는 것이 대단히 중요하다.

교육의 효과가 10이라고 하면 일을 직접 수행할 때의 효과는 최소한 60은 된다. 성과를 내는 데는 직접 해보는 것보다 더 좋은 방법이 없다. 현재 하고 있는 일은 영업인데 인사 업무를 하고 싶어 하는 사람이 있다면, 그가 가장 먼저 해결해야 할 질문은 "인사 관련 업무의 기회를 어떻게 잡을 것인가?"에 대한 답변을 찾는 일이다. 설사 그것이 단돈 1원도 못 받는 무료봉사가 된다 하더라도 말이다. 힌근테 한스컨설팅 대표도 그럴 때가 있었다. 그는 럭키화학과 대우자동차를 거치며 컨설팅 관련 일을 배우기 위해 월급을 받지 않고 출근했다. 일을 배우는 것이 더 의미 있다고 생각했기 때문이다. 마지막 30의 효과는 커뮤니케이션으로 채워진다. 여기서 커뮤니케이션이란 상사나 다른 사람들과 주고받는 피드백, 코칭, 멘토링, 일상적 대화까지 모두 포함하는 개념이다.

정리하면 이렇다. 일을 직접 수행하면서 관련된 커뮤니케이션을 하는 것이 성과의 90퍼센트에 영향을 미친다. 나머지 교육과 자기계발은 10퍼센트 정도만 영향을 줄 수 있다. 나는 이를 '성과를 내는 6:3:1의 황금비율'이라 부른다. 다시 말해 경력 개발을 업무개발과 자기계발로 나눈다면 그 비율은 9:1이 된다. 그렇다면 업무개발은 어떻게 해나가는 것이 좋을까? 캄보디아의 한 택시 기사의 이야기가 힌트가 될 수 있을 것이다.

캄보디아의 수도 프놈펜에는 툭툭이라 불리는 택시가 있다. 동남아시아 국가들에서 흔히 볼 수 있는 지붕 없는 개조 택시로, 1~2달러만 내면 시내 어디든지 갈 수 있다. 캄보디아 툭툭 기사들은 하루 평균 2~5달러를 번다. 하지만 하루 평균 50달러를 버는 기사가 있다. 그의 이름은 헤트. 그는 어떻게 다른 기사들의 열 배가 넘는 수익을 올릴 수 있을까?

예상되는 바와 같이 그는 다른 동료 툭툭 기사들처럼 오후에 모여 낮잠을 자거나 도박을 하지 않고 성실하게 일을 한다. 그는 한 번 탑승으로 끝날 고객을 찾아 계속 길거리를 헤매기보다는 한 번 태운 손님을 단골 고객으로 삼는 것이 훨씬 낫다는 것을 안다. 예를 들어 어떤 사람이 우연히 그를 만나면 그는 전화번호를 주면서 낮이든 밤이든 언제든지 연락해달라고 말한다. 손님이 원하면 언제 어디서나 그의 툭툭 서비스를 이용할 수 있다고 알려주는 것이다.

그의 단골 확보 전략은 여기에 머물지 않는다. 만약 그의 손님이 프놈펜 외곽 지역까지 가야 한다면 그는 프놈펜까지만 손님을 모신다. 대신 손님의 최종 목적지까지 데려다줄 버스나 택시 운전사를 알아봐준다. 물론 그가 소개한 기사가 믿을 만한 사람이라는 사실을 그 손님에게 알려주고, 그 손님이 도착할 때쯤 해서는 안전하게 길을 잘 갔는지 빈틈없이 확인한다. 그리고 자신의 서비스에 대한 후기를 인터넷에 적어달라고 부탁한다. 이게 그의 기본 전략이다.

이렇게 해서 그는 자신만의 비즈니스 모델을 구축하는 데 성공했다. 그뿐만이 아니다. 헤트는 자신의 툭툭 택시 후면에 한 유명 빵집 가게 이름을 적은 홍보물을 붙이고 다니는 방법으로 추가 수입을 확보하고 있다. 그 빵집은 매달 헤트에게 일정 금액을 홍보 비용으로 지불하고 있다. 게다가 만약 그가 손님을 모셔오면 추가로 커미션을 주기도 한다. 빵집 입장에서는 헤트는 단순히 택시 기사가 아니다. 자신의 빵집을 홍보해주는 마케터인 셈이다.

그는 이 모든 것을 서툰 영어 실력으로 해결한다. 물론 그는 정식으로 영어를 배운 적이 한 번도 없다. 이렇게 번 돈은 생활비를 제외하고 전부 저축한다. 사실 도박을 즐기는 동료 기사들은 저축과는 거리가 먼 생활을 하고 있으니 그는 참 특이한 존재다. 현재를 즐기는 동료들과 달리 그는 미래의 안전망을 확보하기 위한 노력을 참으로 열심히 하고 있는 셈이다. 그는 그의 집안 최초의 고교 졸업생이면서, 열심히 미래를 준비하고 있는 집안 최초의 대학생이기도 하다.

성과를 내는 능력을 인사 교육 전문가들은 역량이라 부른다. 이는 우리가 일반적으로 사용하는 '능력'보다 다소 포괄적인 의미를 지닌다. 이에 포함되는 요소들은 'ASK'의 세 가지로 정리될 수 있다. 태도(Attitude), 스킬(Skill), 성과 창출을 위한 지식(Knowledge)이 그것이다.

태도가 전부다

■　　　　　자기가 하는 일이 너무나 하찮고 시시한 일이라고 생각하는 사람들이 있다. 하지만 세상에 하찮고 시시한 일은 없다. 그런 태도만 있을 뿐이다. 미국의 17대 대통령을 지낸 앤드류 존슨은 재단사 출신이다. 시의원 시절, 그는 연설 도중 누군가에게 비하 발언을 들은 적이 있었다. 군중 속의 어떤 큰 목소리가 그를 향해 이렇게 빈정거렸다. "양복쟁이 출신 주제에!" 존슨은 그 빈정거림에 이렇게 답했다. "어떤 신사 분께서 제가 재단사였다고 말씀하시는군요. 뭐 괜찮습니다. 왜냐하면, 그 일을 할 때도 저는 늘 일등이었기 때문입니다. 저는 손님과의 약속을 꼭 지켰고 제 옷은 언제나 최고였습니다."

그는 3세에 아버지를 잃었고, 가난 때문에 정규학교에 진학할 수도 없었다. 배불리 먹는 것이 소원이었던 그 소년은 14세에 양복점 점원으로 들어가 재봉 기술을 익혔고, 18세에 구두 수선공의 딸과 결혼했다. 결혼 후에야 아내에게 글을 배우며 책을 읽을 수 있었다. 젊은 시절 '최고의 재단사'였던 그는 끊임없는 노력 끝에 '최고의 정치인' 자리에도 오를 수 있었다고 자신의 삶을 회고했다. 그렇다. 일과 삶의 성과를 내는 제1 요소는 태도다. 1등 태도의 재단사는 1등 대통령도 될 수 있는 법이다.

그렇다면 1등 태도는 어떻게 만들 수 있을까? 헤트의 이야기로 돌아가보자. 그의 새로운 삶은 다른 동료 기사들처럼 오후에 모여 낮잠을 자거나 도박을 하지 않고 성실하게 일을 하기로 마음을 고쳐먹고 난 이후 시작되었을 것이다. 또 한편으로는 낮잠을 자지 않고 도박을 하지 않고 성실하게 일을 한 특정한 날이 계기가 되었을 수도 있다. 전자는 태도가 행동을 변화시켰다는 의미이고, 후자는 특정한 날의 행동이 태도를 변화시켰다는 의미다. 둘 다 맞는 말이다. 심리학자들은 마음이나 태도를 바꾸면 행동이 달라질 수 있다고 말한다. 또한 마음이나 태도가 내키지 않아도 행동을 달리하여 한 번만이라도 실행하면 마음과 태도에 변화가 올 수 있다. 어느 쪽이든 상관없다. 태도가 바뀌면 모든 것이 바뀌게 마련이다. 오랜 세월 현자들이 주장했던 것처럼 헤트 기사도 이렇게 말한다. "태도가 전부다."

스킬은 목적을 이루는 도구다

■　　　　　　헤트의 성공 요인 중 하나는 단골 고객 중심의 운전을 핵심으로 한 비즈니스 모델을 구축한 것이다. 그리고 이를 가능케 한 것은 영어와 인터넷이라는 도구였다. 헤트는 정식으로 배운 영어가 아닌 실전에서 배운 서툰 영어 실력으로 고객들과 대화를 나누

었다. 또한 고객들에게 그저 인터넷에 후기를 적어달라고 요청할 뿐이었다. 즉 영어와 인터넷이라는 도구로 다른 사람들의 10배가 넘는 성과를 냈다고 할 수 있다. 이처럼 성과 창출이라는 본질적인 목적을 달성하게 해주는 것은 작은 스킬들이다.

교육에 열성적으로 참여하고 자기계발 서적을 즐겨 읽었던 윤 대리는 70일간의 성과-커리어 통합 코칭을 통해 '성공은 혼자가 아니라 함께 이루어가는 것'이라는 사실을 깨달았다. 이 생각을 가능케 한 것은 "이것 좀 봐주세요"라고 선배 사원에게 던진 말 한마디였다. 윤 대리에게는 도움을 요청하는 말, 즉 커뮤니케이션 스킬이 성공의 도구가 되었던 것이다.

요지는 분명하다. 목적 달성에 필요한 스킬을 적절히 사용할 줄 아는 자는 날마다 성과를 향상시킬 수 있다. 반대로 스킬 발전이 더 이상 없는 자는 성과 창출도 어렵다. 메일이나 1페이지 보고서 등을 통한 글쓰기도 성과 창출을 위한 도구가 될 수 있다. 어떤 이에게는 컴퓨터 활용 능력, 통계 처리 능력, 혹은 SNS 사용 능력이 도구가 될 수도 있다. 성과 창출을 돕는 그대만의 도구는 무엇인가?

지식은 일과 삶의 연료다

■   헤트에게는 프놈펜의 다른 택시 기사들이 가지고 있지 않은 두 가지 지식이 있었다. 하나는 단골 고객에 관한 것이었

고 하나는 홍보 혹은 마케팅에 관한 것이었다. 이렇듯 지식은 일과 삶을 계속 불태우게 하는 연료가 된다. 아무리 좋은 자동차도 연료가 없으면 무용지물인 것처럼, 지식은 우리네 일과 삶을 지속 가능하게 하는 힘이다. 날마다 옛 지식 위에 새로운 지식을 더해가는 자가 결국은 승리한다.

리더십을 예로 살펴보자. 예전엔 카리스마 리더십이 대세였지만, 지금은 코칭 리더십이 대세다. 카리스마 리더십에 관한 지식을 가진 사람은 확실한 솔루션을 선호한다. 반면 코칭 리더십을 선호하는 사람은 솔루션을 스스로 찾도록 돕는 것을 선호한다. 전자는 틀렸고 후자가 옳다는 얘기는 아니다. 조직의 성과를 위해서는 둘 다 필요하다. 상황에 따라 필요한 지식을 끄집어내어 사용할 수 있다면 그게 최고의 방법이 아닐까? 둘의 큰 차이점 중 하나는 질문에 관한 지식이다. '이렇게 해봐'라는 해법을 제공하는 것은 강력한 방법이긴 하지만, 상대방의 목적과 의도에 딱 맞추기는 쉽지 않다. 이럴 때는 질문하기를 통한 점진적 해법 찾기가 도움이 될 수 있다. "네 생각에는 어떻게 하는 게 좋을 것 같아?"라는 첫 질문으로 시작해서 상대방의 이야기를 들었다면 "그래 그것 좋은 생각이다. 또 다른 방법은 없을까?"라는 질문으로 그 생각을 더욱 확장할 수도 있다. 그리고 "가장 좋은 대안은 무엇이라고 생각해?"라는 질문으로 대안을 탐색하고 "그걸 어떻게 시작해볼까?"라는 실행에 관한 질문으로 가장 효과적인 해법을 찾아갈 수 있다. 내가 해답을 제공하는 것보다 질문을 통해 상대방의 생각을 열어주는 것이 더욱 효과적일 때도 있다. 그렇기에 새로운 지식을 배우는 데 부지런을 떨어야 한다. 일과 삶에서 성공한 사람 혹은 행복한 사람들 중에서 나는 공부하지 않는 사람을 본 적이 없다. 이 시점에서 스스로를 돌아보자. 나의 일과 삶의 새 연료는 떨어지지 않고 계속 채워지고 있는가?

10장

실패와 재기

실패란 넘어진 뒤
다시 일어서지 않는 것

대입 재수, 취업 재수에
MBA까지 낙방한 김 사원

■　　　　　　　입사 3년차 김 사원은 30대 초반의 나이에 이미지도 깔끔했다. 그는 "지금까지 저의 커리어를 리뷰해보고 앞으로의 방향을 재설정해보고 싶어 왔습니다"며 운을 뗐다. 고등학교를 졸업하면서 지방 국립대에 들어갈 수 있었지만, 합격을 스스로 포기하고 그는 서울대, 그러니까 서울대학교가 아닌 서울에 있는 대학을 나와야 한다는 마음으로 재수를 선택했다. 재수를 하면서 그는 인생에 대해 진지한 고민을 할 수 있었고, 운 좋게도 바람대로 서울에 있는 대학, 그의 말대로 '서울대'에 입학할 수 있었다.

김 사원은 전공으로 산업공학을 택했다. 공대에 속해 있으면서도 가장 취업이 잘된다는 경영학과와 밀접한 학과였기 때문이었다. 그 후 그는 경영전략이나 마케팅 분야로 취직할 준비를 했다. 전자나 화학 계열의 제조업 분야를 택할 수도 있었지만 그 분야에서는 공장의 엔지니어로 취업을 해야 했기에 자신과 잘 맞지 않는다는 생각이 들었다. 하지만 졸업과 함께 열릴 거라 기대했던 취업의 문은 쉽게 열리지 않았다. 그는 대입 재수생 시절처럼 과감히 취업 재수를 준비했다. 호주로 6개월간 어학연수도 다녀오고 정보통신기사 자격증도 취득하여 결국 취업에 성공했다. 그리고 입사 후 3년 동안 사업 부서에서 일하면서 기술 기반의 사업이 무엇인지도 알게 되었고 시장이 원하는 사업도 무엇인지 이해했다. 최근 3년 동안의 인사고과도 B, B, A로 점점 좋아지고 있었다. 하지만 그는 의미를 찾지 못하고 있었다. 앞으로 무엇을 해야 할지 혼란스러웠던 것이다.

"무엇이 혼란스러운가요?"라고 물었더니 김 사원이 이렇게 대답했다. "회사의 CEO가 되고 싶었습니다. 그냥 CEO가 아니라 사회적으로 영향력 있는 CEO가 되고 싶었습니다. 안철수 씨나 유한양행의 창업주 유일한 씨 같이 약자를 돕는 건강하고 정직한 CEO가 되고 싶었습니다. 그래서 이런 목표를 이룰 수 있는 가능성이 더 큰 회사를 선택한 것입니다." 그런데 막상 들어와보니 CEO 되기가 녹록치 않다는 것을 알게 되었단다. 임원은 몰라도 CEO는 어렵지 싶었단다.

"최근에 무슨 일이 있었나요? 왜 그런 생각이 들었어요?"라고 물었더니 그는 최근에 회사에서 지원해주는 해외 MBA에 지원했다가 낙방했다고 했다. 자기보다 똑똑한 사람들이 많다는 생각을 하긴 했었지만, 직접 겪어보니 실망감이 크단다. 그리고 퇴사를 각오하고 국제 봉사단체에서 주관하는 2년간의 해외 봉사활동에도 지원했었는데, 그마저 떨어졌다고 했다. "해외로 나가야 한다는 생각을 하고 있나봐요?"라고 물었더니 그는 '지방에서 서울로, 서울에서 해외로'를 강조하며 정말 해외로 나가보고 싶다고 했다. 그리고 혼자 먼 이국땅에서 고생하면서 체득한 삶의 지혜도 얻고 싶다고 했다.

실패에 대한 이런 저런 이야기를 하다가 나는 "역할모델인 안철수나 유일한은 고생도 많이 했지만 모두 자기 사업을 일으킨 사람이 아닌가요?"라고 질문했다. 그러자 그는 당황스러워했다. "그런 관점은 생각해보지 못한 것 같습니다." 주어진 것을 잘 관리하고 발전적으로 만들어갈 수는 있지만, 자기 사업을 한다는 것은 한 번도 생각해보지 않았다고 했다. "지금은 아니어도 추후에라도 자기 사업을 할 리스크를 질 생각이 있나요? 사업은 실패를 하더라도 다시 일어서는 거잖아요?"라고 물었더니 그는 이렇게 대답했다. "작은 성공을 점점 크게 만들어갈 생각만 했지, 실패에 대한 생각은 해보지 못했네요. 새로운 도전거리가 생겼네요."

코칭이 끝난 후 김 사원은 가장 기억에 남는 질문으로 이것을 꼽았다. "서울에 있는 대학을 나오고 호주 6개월 어학연수로 토익 점수는 높았지만 해외 사람들과 말 한 마디 제대로 나누지 못하는 사람보다, 차라리 지방 대학을 나왔더라도 자신만의 비전에 따라 동남아 어학연수를 다녀와 동남아 사람들과 어울릴 줄 아는 경험을 쌓는 것이 더 좋은 스펙 쌓기라 할 수 있지 않을까요?" 대학 재수와 취업 재수, 그리고 초기 직장생활에 대한 이야기를 통해 그간의 실패와 성공에 대해 생각을 정리할 수 있는 시간이었다.

취업 스펙 10종 세트

■   언젠가부터 '스펙'이라는 말이 유행하더니 요즘은 급기야 '스펙 10종 세트'라는 말까지 등장했다. 스펙의 기본 세트는 학벌과 학점이다. 어느 대학을 나왔고 학점이 얼마인가가 그것. 지방 국립대가 아닌 서울에 있는 대학을 다니기 위해 재수를 했다는 김 사원의 이야기는 스펙의 기본을 다지기 위한 요즘 젊은이들의 생각을 잘 보여준다. 스펙은 이제 한 술 더 떠 국내용에서 글로벌용으로 변화하고 있다. 언제부턴가 글로벌 인재가 부각됨에 따라 기본 스펙에 토익 점수와 어학연수가 얹혀졌다.

여기에 직무 경험이 중요해짐에 따라 인턴과 아르바이트 경험이 더해져 스펙 6종 세트가 생겨났다. 직무 경험의 좋은 시기는 방학이다. 방학을 맞아 사회로 눈을 돌려 각종 아르바이트 경험을 쌓고 이를 바탕으로 인턴 경험을 쌓는 젊은이들이 늘고 있다. 여기에 공모전과 자격증이 더해진 스펙 8종 세트를 완성하면 취업의 8부능선을 넘은 셈이다. 정보통신기사 자격증을 취득하기 위해 학원에 등록하고 매일 새벽잠에서 깨어났던 김 사원처럼, 이제는 자격증이 스펙을 더욱 빛나게 하는 액세서리가 되었다. 또한 공모전 입상을 위해 공모전 학원을 다니는 친구들도 생겨나고 있다. 이젠 여기에 봉사활동과 성형까지 더해져 '취업 10종 세트'가 취업의 필수요소가 되어버렸다. 대학생들의 이 같은 험난한 취업 준비기는 이제 그냥 다들 하는 별것 아닌 일상이 되어버렸다.

그러나 '스펙 10종 세트'보다 인사담당자의 눈에 띄는 것은 자기만의 독특한 경험이다. 그게 어떤 것이 되었든 자기만의 이야기 하나로 우리는 얼마든지 일자리를 잡을 수 있다. 한 일간지에 실린 '무스펙 대학생의 대기업 취업 스토리'가 좋은 예다. 주인공은 대진대학교를 다니는 정해영 씨다. 그는 지방대학교, 더군다나 국립대가 아닌 지방사립대를 다닌다는 의미에서 스펙의 기본조차 갖추지 못했다고 할 수 있다. 하지만 그는 성실하다는 강점 하나로 국내 유통업계 2위인 홈플러스에 입사했다. 군대에서 갓 제대한 그는 새벽 여섯 시면 기상하던 군대에서의 습관을 지키기 위해 홈플러스 아르바이트에 지원했다. 그는 2년 동안 하루도 빠지지 않고 오전 일곱 시에 알람시계처럼 출근했다. 그의 성실성을 인정한 회사는 그를 정규 사무직으로 채용하였다. 그는 어느 누구도 거들떠보지 않는 성실함이라는 무기 하나로 자기만의 최선의 입사 무기를 만들 수 있었다. 물론 정해영 씨의 이야기는 운이 좋은 케이스다. 입사시험에 22번이나 떨어지는 경우도 있다.

입사시험에 22번이나 실패한
국내1호 쇼핑호스트 유난희

■　　　　　국내 최초 억대 연봉 쇼호스트로 알려진 유난희 씨. 하지만 그녀가 처음부터 억대 연봉을 받을 만큼의 뛰어난 능력을 소유하고 있었던 것은 아니다. 그녀는 어렸을 적 꿈이었던 아나운서가 되기 위해 대학 등록금에 버금가는 아나운서 아카데미 비용을 아까워하지 않고 투자했다. 하지만 동기들이 방송사 취업에 성공하는 동안에도 계속해서 떨어지기만 했다. 방송사라면 지방도 마다않고 달려갔지만 8년간의 도전에도 아나운서 자리를 차지하기란 쉽지 않았다. 그렇게 그녀는 방송사 아나운서 선발 시험에서 22번이나 떨어지는 아픔을 겪었다. 방송사 아나운서의 꿈은 멀리 날아갔고, 차선책으로 입사한 곳이 롯데백화점 사내방송이었다. 아나운서의 세계는 공중파-케이블-사내방송으로 분류되곤 하니 그녀는 말하자면 3류 인생으로 업을 시작한 셈이다.

하지만 그녀는 좌절하지 않았다. 어느 날 그녀는 신문에서 쇼호스트를 뽑는다는 기사를 보았다. 결혼 유무와 상관없이 꿈을 펼칠 수 있는 일이라 생각되었다. 그녀는 그것이 어린 시절부터 꿈꾸던 방송사 아나운서를 대신할 차선책이라 믿었다. 그리고 대중 앞에 선다는 자신의 꿈을 상상하면서 발품을 팔아 상품판매 면접까지 보고 최고 성적을 거두며 쇼호스트로 입사를 했다. 그녀는 한 방송사 강연에서 "시부모님, 부모님 심지어 남편까지 반대했지만, 그리고 잘 보살펴주지 못했던 아이들에게도 미안했지만, '원하는 일을 멋지게 하고 있는 엄마가 멋있다'며 자랑스러워하는 아이들을 생각하면 뿌듯하다"고 지난 시간을 회상하며 눈시울을 붉히기도 했다.

당시 국내에서 쇼호스트는 매우 생소한 직업이었기에 그녀는 외국 프로그램을 보며 혼자 공부하고 일해야 했다. 덕분에 그녀는 소개하는 상품마다 히트를 치게 하면서 성공 가도를 달렸다. 한 일간지는 '쇼핑호스트 1호 유난희 씨 연봉 1억 돌파'라는 제목으로 그녀의 성공 이야기를 전했다. "LG 홈쇼핑에서 패션, 보석, 명품 등을 소개하는 5~6개 프로그램을 진행하며 하루 최고 10억 원 이상의 매출을 올렸던 유 씨는 우리홈쇼핑으로 스카우트되며 연봉 1억 3,000만 원에 계약했다. 쇼호스트가 연봉 1억 원을 넘은 것은 이번이 처음이다. 우리홈쇼핑은 매출 실적에 따른 별도의 인센티브를 지급하기로 계약해 유씨의 실제 수입은 연 2억 원에 육박할 것으로 보인다."

쇼호스트 초창기의 유난희 씨에 대해 인기 아나운서 이금희 씨는 이렇게 말한다. "나와 대학 동기 동창인 그녀의 성공에는 이유가 있었다. 아들 쌍둥이를 낳아 키우면서도 새벽 생방송을 마다않고 열심히 뛴 사람이 유난희다. 수많은 실패와 방송 중 실수까지 부끄러워하거나 감추지 않는 용기와 도전정신으로 무장한 그녀다. 인생의 가장 큰 성공은 한 번도 쓰러지지 않는 것이 아니라 쓰러질 때마다 일어나는 용기라는 걸 그녀의 존재는 증명하고 있다." 또 모교 숙명여대에서의 특강을 통해 그녀의 강의를 들었던 한 대학생은 이렇게 말했다. "자랑스러운 선배의 모습을 보니 존경스럽고 같은 여성으로서 나에게 많은 동기 부여가 되었다. 우리는 보통 남들이 하거나 인정하는 것들을 추구하고 따라갈 때가 많은데, 그에 반해 유난희 선배의 자기만의 새로운 도전정신과 모험심은 정말 놀라울 정도로 존경스럽다."

22번의 실패와 가족들의 반대에도 불구하고 쇼호스트가 된 그녀는 LG홈쇼핑 쇼핑호스트팀 팀장, 서강대학교 방송아카데미 전임강사, 우리홈쇼핑 쇼호스트팀 팀장을 역임하며 승승장구했다. 정규직을 버리고 GS 및 현대홈쇼핑 프리랜서 쇼핑호스트로 활동하면서 쇼핑호스트로서 절정의 시간을 보내고 있고, 공주영상대학교 쇼핑호스트학과 겸임교수로 활동하면서 후배 양성에도 힘을 싣고 있다. 입사시험에 22번이나 실패하고도 우리나라에서 가장 성공한 쇼핑호스트가 된 유난희 씨. '국내 1호 쇼핑호스트' '최초 억대 연봉 쇼핑호스트'라는 수식어를 달고 다니는 그녀의 이야기는 우리에게 무엇을 말해주고 있을까.

스티브 잡스와 에디슨의
공통점

■　　　　일을 막 시작하려는 취업의 시기는 인생의 늦봄이다. 늦봄은 학창시절이 끝나는 시기이고 사회생활이 시작되는 뜨거운 여름의 직전이다. 하지만 안타깝게도 수차례의 낙방을 겪은 김 사원처럼 그 시작은 쉽지 않다. 실패부터 연거푸 하는 경우가 허다하

다. 많은 사람들은 '넘어지는 것'이 실패라고 생각한다. 그러나 나는 생각이 다르다. 실패란 '넘어진 채로 다시 일어나지 않는 것'이다. 주변 사람들을 보니 넘어지지 않는 사람은 없는 것 같다. 내 이웃집에 사는 사람은 일시적으로 건강을 잃었다. 그것도 암이라는 치명적 질병으로 말이다. 하지만 그는 수술을 받았고 10년이 지난 지금은 예전보다도 건강하게 살고 있다. 어떤 지인은 주식으로 엄청난 돈을 날렸다. 하지만 그는 재기했다.

시대를 풍미한 IT의 아이콘 스티브 잡스만 봐도 그런 생각이 든다. 그는 독선적인 태도, 기술 지상주의, 독자개발이라는 엄청난 실수를 저지르고 자신이 세운 회사에서 쫓겨난 사람이다. 그러나 10년 뒤 그는 완전히 새롭게 일어났다. 그는 독선 대신 집단창의를 강조하는 사람이 되었고, 기술 지상주의 대신 철저한 고객중심 사고로 인류에 기여하였고, 독자개발 대신 대외협력으로 공존과 번영을 이룬 이 시대의 리더로 다시 일어났다. 우리는 그가 다시 일어서서 만든 아이팟, 아이폰, 아이패드라는 혁신적인 제품들을 누리고 있다. 어디 스티브 잡스뿐이겠는가? 홈런왕 베이브 루스는 최다 삼진아웃 타자였고, 발명왕 에디슨은 전구 하나를 발명하기 위해 400번이 넘는 실패를 감내했다는 사실을 기억하길 바란다.

실패가 실력이 되게 하라

■　　　　　　　　이제 막 걸음마를 연습하는 사회 초년생들이 처음부터 성공을 거두면 그것도 이상한 일이다. 봄엔 항상 반갑지 않은 꽃샘추위가 찾아오듯이, 김 사원처럼 연차가 얼마 되지 않는 사원들이 이래저래 실패를 맛보는 것은 당연한 일이다. 마음은 원하지만 제대로 실행되지 않는 것, 그것이 실패가 아니던가?

어느 날 뢴트겐이라는 사람이 실험실에 들어갔다가 실험실의 불을 먼저 켜지 않고 실수로 장비의 스위치를 먼저 올려버렸다. 무언가 이상하다고 느낀 뢴트겐은 며칠 후 같은 조건의 어두운 실험실에서 아내의 손을 찍어보았다. 놀랍게도 그 사진은 사람의 뼈를 찍고 있었다. 우리가 잘 알고 있는 엑스레이는 이렇게 작은 실수로 발견된 것이다. 또 다른 이야기도 있다. 발기부전 치료제로 세간의 화제를 모으며 전 세계적으로 엄청난 매출을 올리고 있는 파이저의 비아그라 역시 심장병 치료제를 개발하려다 실수로 태어난 제품이다. 포스트잇은 어떤가? 강력 접착제를 발명하고자 했던 3M의 연구원은 실패한 것으로 생각하고 있던 실험으로 반복해서 붙일 수 있는 신기한 종이를 만들어내지 않았던가?

넘어졌다 하더라도 다시 일어서면 세렌디피티(serendipity), 즉 하늘이 내린 우연한 발견의 선물을 받을 수 있다. 엑스레이와 비아그라처럼 말이다. 우리는 넘어짐으로부터 배울 수 있다. 실패가 실력이 되게 할 수 있다.

높은 곳이 아니라
남들이 가지 않는 곳으로 가라

■　　　　늦봄의 상상은 비현실적이다. 김 사원이 꿈꾸는 세상처럼 많은 사람들은 성공의 사다리를 타고 올라 CEO라는 높은 자리를 차지하기를 원한다. 하지만 시간이 지남에 따라 대리, 과장, 부장이 되면서 꿈은 임원이나 팀장으로 낮아진다. 심지어 평사원으로 정년퇴직하면 그것도 잘한 것이라는 생각까지 들기도 한다. 윗자리에 올라 아래로 영향력을 끼친다, 나는 이것을 높은 곳을 지향하는 '고지(高地) 성공'이라 부른다. 그런데 고지 성공의 관점에서 보면 높은 곳에 오르지 못한 임원, 팀장, 혹은 일반 직장인들은 죄다 실패한 삶을 산 것이 아닌가. 그렇다고 하면 너무 불쌍하다는 생각이 들었다.

유난희씨의 이야기를 통해 나는 성공에 대한 새로운 시각을 찾을 수 있었다. '미답지(未踏地) 성공'이다. 남들이 가지 않은 곳으로 자신만의 새로운 길을 펼쳐가는 것이다. 이는 내부에서 외부로 끼치는 영향력이다. 방송사 아나운서가 아니더라도, 가족들이 반대하더라도, 힘들게 발품을 팔아야 하더라도 하고 싶은 일이라면 망설일 필요가 어디 있을까. 남들이 가지 않는 새로운 길을 가다 보면 넘어지는 일이 숱하게 생길 것이다. 하지만 그때마다 다시 일어선다면 그건 실패한 삶이 아니다. 새로운 곳을 찾아가 새로운 일자리를 만들고, 그 일자리를 통해 많은 사람들이 꿈과 희망을 찾을 수 있다면 그게 성공이 아닐까? 나는 CEO, 임원, 팀장 등의 높은 자리를 꿈꾸지 않는다. 남들이 가지 않는 새로운 곳에서 단 한 사람에게만이라도 꿈과 희망을 주고 싶다.

11장

스펙과 스토리

정규직 아니어도
실력으로 인정받을 수 있다

대기업에서 중견기업으로
떠나는 최 과장

■　　　　　"새로운 회사에 입사하게 되었습니다. 12년간 정들었던 회사를 떠난다는 생각에 미안함도 있지만, 새로운 회사에서 새로운 도전을 한다고 생각하니 약간의 긴장감도 드네요. 최근 들어서는 이런 긴장감이 별로 없었는데, 새로운 경험이 될 것 같아 흥분도 되네요." 그는 그렇게 말하며 지금까지의 경력을 점검해보고, 앞으로 어떻게 경력 관리를 할지 내게 물었다.

최 과장은 경영학을 전공했고, 기술에도 관심이 있어 컴퓨터공학을 부전공했다. 대학 졸업 전에 정보처리기사 자격증도 취득했다. 나는 "와!" 하고 감탄사를 날렸다. 경영학과 컴퓨터공학을 둘 다 잘 안다는 장점을 내세워 정보통신 관련 대기업에 입사할 수 있었다는 그의 말이 자연스럽게 들렸다. 그가 지금까지 해온 일은 '아키텍처'라는 일 하나다. 그 일이 어떤 것인지 물으니 그는 이렇게 설명해주었다. "하드웨어와 소프트웨어를 포함한 컴퓨터 시스템 전체를 설계하는 일입니다." 나는 "컴퓨터 시스템 설계로 이해하면 되죠?"라고 답하면서 그의 이야기를 경청하고 있음을 알려주었다.

여러 부서에서 일했지만, 그가 최종적으로 있었던 곳은 글로벌 부문이었다. 처음에는 그곳에서 아키텍처로 일을 시작했지만, 직급이 올라가면서 조직은 그에게 관리자 임무를 요구하기 시작했다. 그는 기술 전문가 쪽으로 성장하고 싶었지만 회사의 요구는 변하지 않았다. 기술 전문가로 클 수 있는 사내의 다른 자리가 났음에도 회사에서는 그를 그쪽으로 보내주지 않았다. 그는 회사와 개인이 윈윈할 수 없겠다는 생각에 이직을 결심했다. 그리고 다행히 규모는 다소 작지만 그의 기술을 마음껏 펼칠 수 있는 자리를 구했다.

대기업이 아닌 중견기업으로의 이직이지만 아키텍처 전문가로 성장하고 싶다는 목표에는 변함이 없다고 했다. 다소 규모가 작은 기업이긴 하지만, 기술 전문가를 인정해주는 곳이라 평생 그 일을 할 수 있는 곳이라며 의지를 불태웠다. "이런 목표를 이루는 데 가장 중요한 것은 무엇인가요?"라고 내가 물었다. 그는 맡은 프로젝트 업무를 잘하는 것이라고 했다. 팀장이나 임원 등으로 승진하지 않더라도 각종 프로젝트를 맡아 PM 역할을 하면서 전문적이고 통합적인 시각으로 일을 하는 경험이 가장 중요하다고 했다.

연봉 체계도 마음에 든단다. 최 과장은 정규직과 정규직보다 20퍼센트 높은 연봉을 주는 계약직 중 계약직을 선택했다고 했다. 고용 안정성은 다소 떨어지지만 성과에 따라 연봉이 달라지는 계약직이 낫다는 판단에서다. 그가 말했다. "어차피 평생 직장은 이제 없잖아요. 나만의 무기로 승부를 걸기 위해서는 실력으로 인정을 받아야지요. 계약직이라도 실력만 인정받으면 1년마다 연장 계약할 수 있다고 하니까 진짜 승부를 걸어볼 생각입니다."

그리고 마음의 작은 소원도 하나 덧붙였다. "전문가로 인정받기 위해 아키텍처 관련 도서도 하나 출판하고 싶습니다. 후배 실무자들이 일을 하면서 책상 위에 두고 필요할 때마다 참조할 수 있는 그런 도서가 되면 참 좋겠습니다." 곧이어 화제는 아내 이야기로 흘러갔다. 그의 아내는 IT 관련 잡지사에 다닌다고 했다. 모든 일이 다 그렇지만, 아내가 하는 일 이야기를 들어보면 잡지사 일이라는 게 참 만만치 않다는 생각이 든다고 했다. 힘은 들지만 딸과 아들 녀석 학원비라도 번다는 마음으로 열심히 하고 있단다. 최 과장의 작은 꿈은 아내가 자기를 인터뷰하는 것이다. 아내는 기자로 질문을 던지고, 자신은 저자로 답변하는 장면을 꿈꾼다며 머쓱하게 머리를 긁었다.

경험이란 스펙에
스토리를 더한 것이다

■   경험이라는 말을 사전적으로 풀이해보면 '실제로
해본 것이나 겪어본 것'을 의미한다. 실제로 해본 것은 객관적인 경
험, 즉 스펙에 가까운 의미다. 겪어본 것은 주관적인 경험, 즉 마음속
이야기(스토리)에 가깝다. 그렇기에 한 사람의 경험은 스펙에 스토리
를 더해야 입체감을 가질 수 있다. 최 과장의 이야기는 스펙의 시각
으로만 보면 이해가 가지 않는 부분이 있을 수 있다. 관리자로 높이
올라갈 수 있는 기회를 두고 자신만의 분야에서 전문가로 남는 것은
모두 스펙을 낮추는 행위이니 말이다. 하지만 최 과장의 속마음을 따
라가면 그 이야기는 자연스럽게 이해가 된다.

하나의 스펙에서 그다음 스펙으로 이동하는 데는 자신만의 이유
가 있다. 이때 그 이유는 곧 스토리가 된다. 경영 정보라는 관점으로
취업을 하면 좋겠다는 최 과장의 생각은 과거의 스토리를 담고 있다.
또한 기술 전문가라는 커리어 목표에는 미래의 스토리도 포함되어
있다. 이 두 이야기가 끊이지 않고 연결되어 있기에 그의 스토리는
설득력을 지닐 수 있다.

스펙 위주로 작성된 이력서는 화려해 보일 수는 있다. 한 번 죽 훑
어보기만 해도 '와, 끝내주네'라는 말이 나올 정도의 이력을 써 넣을
수 있다면 나름대로 좋은 커리어를 가졌다고 할 수 있다. 하지만 그
이력서가 그의 커리어를 온전히 말해주지는 않는다. 아무리 SKY 같

은 명문대를 나왔다 한들 어떤 분야에 관심을 두고 공부를 했는지는 알 수가 없다. 또 이름만 대면 알 만한 회사를 다녔는데, 그곳에서 어떻게 일을 했는지는 도무지 알 수가 없다. 자기소개서나 면접으로 이야기를 듣고자 하는 이유가 여기에 있다. 입체적으로 그를 이해하기 위해서다. 그의 스토리를 들어보니 '우와!'라는 감탄사가 절로 나온다면 그것이야말로 진짜 좋은 커리어가 아니겠는가?

여기서 놓치지 말아야 할 또 하나의 중요한 포인트가 있다. 바로 일과 삶의 연결점이다. 커리어의 경험이라는 이야기에는 그 사람만의 삶의 스토리가 함께 녹아들어 있다. 일과 삶은 각각 인생의 전경과 배경이 되어 하나의 완성작을 만들어낸다. 책을 쓰고자 하는 최 과장의 꿈이 좋은 예다. 책을 쓴다는 것도 중요한 이력이 될 수 있지만 단순히 그것뿐 아니라 아내에게 자랑하고 싶은 마음, 아내가 하는 일의 고객으로 참여하고 싶은 마음, 혹은 어떤 모습으로든 아내에게 인정받고 싶은 마음을 보지 못한다면 최 과장의 꿈을 반밖에 이해하지 못한 셈일 것이다. 그렇다. 경험이란 겉으로 보이는 스펙과 마음속에 담긴 스토리를 잇는 작업이다. 나음 이야기를 통해 한 사람의 스펙과 스토리를 이어보자.

건축가 안도 다다오의 속마음

■   일본의 저명한 건축가 안도 다다오는 고등학교 졸

업 후 아르바이트로 일을 시작하여 가구부터 인테리어와 건축까지 점차 분야를 넓혀갔다. 그 과정에서 대학 건축학과에 진학해서 공부할 생각도 해봤지만, 집안 사정도 넉넉지 못했고 어릴 적부터 공부를 하지 않은 탓에 학습 능력도 떨어진다고 생각하여 대학 진학은 포기했다. 그리고 직접 일을 하면서 궁금한 것을 스스로 깨달아갔다. 사실 독학은 형편상 부득이하게 택한 길이었다.

우선 그는 건축학과에서 사용하는 교과서를 잔뜩 사다가 1년 안에 독파하겠다는 계획을 세웠다. 아르바이트 하는 곳에서도 점심시간에 빵을 씹으며 책을 읽었고, 밤에는 잠자는 시간을 줄여가며 책을 읽었다. 그렇게 엉성하게나마 목표를 달성했다. 솔직히 책의 절반 정도는 이해할 수도 없었고 왜 그런 것이 필요한지 알 수 없는 부분도 많았지만, 대학의 건축 교육 체계에 대해서는 어렴풋이나마 파악할 수 있는 좋은 기회였다. 마냥 헛고생은 아니었다고 그는 회상했다.

그가 근대건축의 거장 르 코르뷔지에의 작품집을 만난 것은 그렇게 어둠 속을 더듬듯이 독학을 해나가던 스무 살 무렵이었다. 그는 오사카의 헌책방에서 르 코르뷔지에의 이름이 적힌 책을 발견했다. 별생각 없이 집어 들었는데, 책장을 팔랑팔랑 넘기다가 이내 '이거다!' 하고 직감했다. 사진과 스케치, 드로잉, 프랑스어 본문이 책 판형에 어울리게끔 아름답게 구성된 레이아웃에 그는 눈을 뗄 수 없었다. 하지만 아무리 헌책이라 해도 주머니 사정이 여의치 않았던 그에게는 비싼 가격이었기 때문에 당장은 살 수 없었다. 일단 남들 눈에 띄지 않는 자리에 슬쩍 감춰놓고 나왔다. 그 후 근처를 지날 때마다 혹

시 팔리지 않았는지 확인하러 갔다가 잔뜩 쌓인 책 더미 아래 숨겨
놓기를 수차례, 결국 한 달 가까이 걸려 그는 책을 손에 넣었다. 가까
스로 그의 차지가 되자 그냥 보는 것만으로는 성이 차지 않아 도면
이나 드로잉을 베끼기 시작했다. 거의 모든 도판을 기억해버렸을 정
도로 수없이 베꼈다. 르 코르뷔지에는 독학으로 성공한 건축가이며
기성 체제와 싸우며 길을 개척해갔다는 사실도 알게 되었다. 그렇게
르 코르뷔지에는 그에게 단순한 동경을 넘어선 존재가 되었다.

어느새 그는 식비를 줄여서라도 해외 도서와 해외 잡지를 닥치는
대로 사들이고 있었다. 원문은 해독하지 못해도 페이지를 넘기다 보
면 새로운 시대의 바람은 느낄 수 있었다. 서서히 건축 세계의 지평
이 시야에 들어오자 그 공간을 체험해보고 싶어졌다. 그래서 대학에
진학했다면 졸업했을 나이인 스물둘에 나름의 졸업 여행으로 일본
일주에 나섰다. 감동은 기대 이상이었다. 각지에 흩어진 고건축, 특
히 유네스코 세계문화유산으로 등재된 시라카와쿠니, 전통가옥 거리
히다 다카야마 같은 토착 민가에 강하게 끌리는 자신을 발견했다.

여행을 마치고 고베의 설계사무소에서 고베 미나토가와 재개발 프
로젝트를 돕던 당시, 그는 오사카 시립대학에서 도시계획을 가르치
던 미타니 돈스케 교수를 알게 되었다. 교수가 그를 좋게 봐준 덕에
그는 교수가 주관하는 도시 연구 그룹 'Team UR'에 참여할 수 있었
고, 오사카 시립대학 연구실을 드나들게 되었다. 그리고 도시개발 마
스터플랜 작성 등을 도왔다. 세계 도처의 도시개발 사례를 참조하며
실무를 거듭하는 사이, 일본 도시 공간의 문제점이 조금씩 시야에 들

어왔다. 도시를 전체적으로 보는 시각을 배우는 과정에서 새삼 그는 건축을 통해 건축과 도시의 관계에 대해 더 알고 싶어졌다.

스물네 살 되던 해, 일본에서 일반인의 해외여행이 자유화되자마자 그는 시베리아 철도를 타고 모스크바로 향했다. 모스크바에서 핀란드, 프랑스, 이탈리아, 그리스, 스페인을 돌아보았다. 돌아올 때는 아프리카 케이프타운을 거쳐 마다가스카르, 인도, 필리핀을 경유하여 귀국했다. 가지고 떠난 돈은 60만 엔, 7개월 남짓의 여정이었다. 마음이 몹시 주려 있던 시기에 건축과 풍토, 그리고 인간 세계를 눈으로 직접 보고 체험한 것이었다. 이후 그는 개인 사무소를 개설할 때까지 돈만 모이면 여행을 떠나 세계를 돌아다녔다. 젊은 시절의 건축 여행 기억은 그의 인생과 커리어에 둘도 없는 재산이 되었다.

누구나 알고 있듯 안도 다다오는 세계적인 건축가로 존경받는 인물이다. 하지만 그의 속마음을 모르면 그에 대한 존경은 껍데기에 지나지 않는다. 겉으로 보이는 세계적인 건축가라는 스펙과 가난하여 독학으로 이룬 건축가라는 스토리가 맞물려야 그의 독특한 건축 세계가 더욱 마음에 와 닿을 수 있다. 이렇게 겉과 속을 잇는 것이 진짜 경험이다. 그럴 때 그들의 경험을 참고삼아 내 경험을 발전시킬 수 있다. 이런 경험을 최고의 진짜 경험으로 만들어가는 요소에는 세 가지가 있다. 자신만의 가치(value), 통합(integration), 열정(passion)이 그것이다.

열정으로 시작하라

■   경험은 진짜 하고 싶은 일을 발견해가는 열정에서 시작된다. 안도 다다오가 아르바이트로 일을 시작하여 점차 분야를 넓혀갔다는 말은 하고 싶었던 건축 일을 열정적으로 하며 그 속에서 뭔가를 발견해갔다는 것을 뜻한다.

하고 싶은 일에 대한 열정, 이 구절만큼 사람들을 좌절시키는 말도 없다. 지금 하고 있는 일이 내가 진짜 하고 싶은 일인가 아닌가 헷갈릴 때도 있다. 그럴 땐 테스트를 해볼 수 있다. 일단 계속 해보는 것이다. 하면 할수록 더 해보고 싶은 것이 점진적으로 나타나기도 하지만, 한 번 해보면 더 이상 해보고 싶지 않은 것이 금방 드러나기도 한다. 열정을 다하는 자세, 열정적인 경험은 이 두 가지를 구별할 수 있게 해준다. 그래서 직접 경험을 하되 열정을 다해 해보는 게 중요하다.

이런 경험은 하고 싶은 일을 잘하는 일로 만들어가는 몰입의 경험으로 연결된다. 안도 다다오의 독학 과정과 도시 연구 참여 등은 몰입의 여정이 어떤 것인시 잘 보여준다. 이 같은 경험을 통해 성장의 기쁨도 누릴 수 있어야 진짜 경험이라 할 수 있다. '나에게 이런 재능이 있었나? 상상도 못했었는데'라며 스스로도 깜짝 놀라기도 해봐야 경험이라는 것을 좀 해봤다고 할 수 있지 않을까? 그러기 위해서는 지금 하고 있는 일에 모든 열정을 쏟아보는 수밖에 없다. 그 일이 어떤 일이 되었든 말이다.

가치를 지향하라

■　　　　　　가장 재미있는 시간은 열정을 다한 몰입의 시간이다. 하지만 그럼에도 우리는 이내 큰 질문에 부딪히게 된다. 그 질문은 두 가지 유형으로 주어진다. 하나는 사회적으로 나름 성공한 경우에 부딪히는 질문이다. "그래, 이제 제법 돈도 많이 벌었네. 그런데 이 성공이 나에게 어떤 의미가 있는 거지?" 또 다른 유형의 질문은 이런 것이다. "그래, 나는 돈도 많이 못 벌고 사회적으로도 성공하지 못했어. 그럼 나는 헛살았나?" 이른바 '성공에서 의미로' 혹은 '돈에서 의미로'라는 경험의 전환이 일어나는 것이다. 이런 전환이 일어나게 하는 포인트는 '내 인생의 의미는 무엇인가?' 즉 삶의 가치에 대한 질문이다. 따라서 일찍부터 '어떤 것이 가치 있는 삶인가'라는 질문에 대한 답을 스스로 찾아두는 것이 중요하다.

어떤 이는 가족을 부양하는 데 삶의 의미를 둔다. 온 가족이 먹고 살 수 있고 자녀들을 교육시킬 수 있다는 것만으로 충분히 가치 있는 일이라고 생각한다. 다른 이는 사회적 기여에 의미를 둔다. 적은 돈이지만 월드미션이나 컴패션 같은 후원단체에 기부를 하며 이 돈으로 우리 사회가 좀 더 멋진 사회가 되길 소망한다. 그런가 하면 어떤 이는 성공을 추구하며 살고, 어떤 이는 행복을 추구하며 산다. 나는 이렇게 정리하고 싶다. 가족 부양은 자녀를 통한 다음 세대로의 이바지고, 사회 기부는 시간과 돈을 통한 다음 사회에 대한 기여다. 성공은 부의 축적을 통한 다음 세대로의 영향력 행사고, 행복은 내면의 풍요를 통한 다음 세대로의 영향력 행사다. 그래서 가치의 핵심은 다음 세대로의 지속성이라 할 수 있다.

안도 다다오의 건축물이든, 최 과장의 책이든, 혹은 다른 어떤 것이 되었든 시간의 변화에도 불구하고 존경과 인정을 받는 것이 최고의 가치를 지닌다. 그래서 위대한 건축물, 고전, 명화들은 모두 시간을 이겨낸 것들이다. 우리가 하는 일의 노하우는 지속 가능 경영으로 발현되고, 삶의 노하우는 삶의 지혜가 되어 다음 세대에 전수된다. 그대에게도 묻고 싶다. 그대의 일과 삶의 가치는 무엇인가? 그 가치는 세대를 뛰어넘어 지속될 수 있는 가치인가?

균형을 유지하라

■　　　　　많은 돈을 벌거나 가족을 열심히 부양했지만 어느 날 갑자기 건강을 잃었다면 성공했다고 할 수 있을까? 매일 죽어라 일만 하다가 가족들과 함께 휴가 한 번 세대로 가지 못했다면 그게 행복일까? 하고 싶은 일을 하면서 살았기에 개인적으로는 의미 있는 삶을 살았다지만 가족들이 경제적으로 고통 받고 본인도 자녀들에게서 받던 존경심을 잃었다면 그 삶에 진짜 의미가 있을까? 일만 하며 바쁘게 살다가 어느 날 문득 '마음 터놓고 이야기할 친구 한 명이 나에게 있는가?'라는 생각이 들어 당황스러워진다면 어떻겠는가?

그래서 많은 현자들은 성공과 의미도 중요하지만 균형도 잃지 말라고 주장한다. 우리의 인생은 일, 경제, 가족, 친구, 여가와 같은 여러 요소로 구성된 수레바퀴와도 같다면서 말이다. 코카콜라의 전 회장 더글라스 대프트는 인생을 저글링에 비유하기도 했다. 그는 '인생은 일, 가족, 건강, 친구, 영혼이라는 다섯 개의 공으로 저글링을 하는 서커스 단원과 같다'면서, 다섯 개의 공을 하나도 떨어뜨리지 않고 균형 있고 조화롭게 저글링하는 것이 곧 인생의 행복이라고 말했다.

비유야 어떻든 핵심은 하나다. 지금 들고 있는 공을 떨어트리지 말아야 한다는 것. 지금 굴러가고 있는 바퀴에 힘을 주어야 한다는 것. 그래서 현재가 가장 중요하다. 우리의 모든 경험은 현재에 이루어지기 때문이다. 핑계를 대며 과거로 도망가거나 상황이 힘들다고 먼 미래로 도망가서도 안 된다. 언제나 현재(present)에 최선을 다하는 경험을 해야 현재가 선물(present)로 다가오는 법이다. 출근하는 지금, 새로이 맡은 일을 하고 있는 지금, 가족들과 함께하는 지금, 휴가를 즐기고 있는 지금을 제대로 누릴 수 있어야 진짜 경험을 하는 것이다.

12장

퇴직 준비
제2의 커리어,
어떻게 찾아갈 것인가

쉰을 목전에 두고
고민이 깊어가는 임 팀장

■ 　　　　편지함으로 장문의 메일이 도착했다. "나이 50을 목전에 두고도 '내가 잘할 수 있는 일이 뭘까?' '그게 있다면 지금부터라도 퇴직 후의 삶으로 연결시킬 수 있을까?' '앞으로는 100살까지, 적어도 90살까지는 산다는데 내 영혼을 흥분시키는 일을 하며 먹고살 수 있을까?' 하는 고민이 깊어집니다. 코치님과 이야기를 나누고 싶습니다." 낙엽이 하나둘 떨어지기 시작하는 초가을, 임 팀장은 나와 약속을 잡고 코칭룸으로 찾아왔다.

　그는 본사의 기획 업무를 내려놓고 자의 반 타의 반으로 현장의 영업 업무를 맡았다. 고된 일이었지만 '남들이 붙여주는 완장은 모두 허상이고 신기루다. 오직 내 몸에 쌓인 경험과 지식만이 온전히 내 것이 된다. 나는 최고의 영업사원으로 퇴직할 것이다'라는 생각으로 일을 배워갔다. 마흔이 넘은 늦은 나이에 시작했기에 주중의 일만으로는 힘들다는 생각으로 주말마다 빈 사무실에 홀로 나가 공부를 하며 1년에 하나씩 IT 관련 자격증에 도전했고, 지금까지 7개의 자격증을 취득했다. 또한 그는 사내 상위 1퍼센트에 해당한다는 영업 전문가로 선발되었고, 몇 년 전부터 영업 팀장도 맡고 있다. 사내 연수원에 자신의 이름 석 자가 들어간 과정을 만들어 그간 배운 지식과 경험을 전파하겠다는 목표를 차근차근 이루어가고 있다고 자신을 소개했다.

하지만 몇 달 전부터 급격한 회의가 찾아왔다. 최고의 사내 영업 전문가와 자신의 이름을 걸고 만든 교육 과정 같은 것은 퇴직 후의 삶과 연계되기 힘들다는 생각 때문이었다. 특히 그의 영업 분야는 특정 IT 기술 영업과 관련이 많아 지금의 회사를 떠나면 다른 곳에서는 별로 사용할 일이 없다는 생각이 그를 괴롭혔다. 또한 자신의 성격이 관리자에 어울리지 않는다는 것도 한몫 거들었다. '관리자가 된다는 것은 자신의 전문성을 포기하고 직원을 키우는 것이고, 한 가지가 아닌 다양한 시각으로 회사의 실적을 높이도록 돕는 것'인데, 자신은 그런 성향이 아니라는 생각으로 그는 힘들어했다. 그는 '팀장을 내려놓고 영업 전문가로 돌아가면 어떨까?' 하는 생각을 조심스레 하고 있었다.

자기 분야의 정점에 도달한 임 팀장의 바람은 이랬다. "저는 퇴직 후 큰돈 벌기를 바라지 않습니다. 내 일과 지식이 남에게 도움이 되고 그 일에서 작은 기쁨을 느낄 수 있으면 그걸로 만족할 것입니다." 그의 혼란스러운 마음을 정리해주기 위해 나는 몇 가지 질문을 던졌다. "관리자와 전문가의 길 중에서 자신의 길은 무엇이라고 생각하십니까?" 그는 한 치의 주저함 없이 '자신의 길은 전문가라고 확신했기 때문에 팀장을 내려놓겠다'고 했다. "퇴직 후의 목표가 분명하지 않은데, 어떤 미래를 상상할 수 있습니까?"라는 질문에 그는 이리저리 고민을 했다. 그리고 마침내 이런 답을 내어놓았다. 유시민의 지식재판매상과 구본형의 인문학적 경영 에세이를 혼합하여 '다른 사람을 생각에 잠기게 하는 IT 기술 영업에 관한 설명 전문가'가 되겠노라고.

"그런 전문가가 되기 위해 오늘, 지금, 이 시간부터 무엇을 시작하겠습니까?"라는 질문에 임 팀장은 "제대로 된 글쓰기를 시작해보겠습니다"라고 했다. 놀랍게도 그는 자신의 블로그에 IT 기술 영업에 관련된 수천 개의 업무 일기를 석어둔 기록광이었다. 이를 바탕으로 고객들에게 도움을 주었던 실제 사례 위주의 IT 기술 영업 관련 도서를 써보겠다는 것이었다. 나는 "이제야 팀장님의 업무 일기를 열어 보물찾기를 해야 할 때가 왔군요"라며 그를 격려해주었다.

퇴직은 일, 관계, 소득의
절벽을 가져온다

■ 　　　　퇴직은 썩 내키지 않는 삶의 큰 이벤트다. 그러나 그 무게감에 비해 사람들의 준비는 대부분 미약하기 그지없다. 퇴직 전까지 하던 일은 온데간데없어지고, 퇴직 전에 업무 관계로 매일 보던 사람들도 더 이상 만나지 않는다. 일과 업무 관계는 다른 것으로 대체하면 되지만, 무엇보다 사람들을 더욱 불안에 떨게 하는 것은 퇴직 전까지 누리던 그 많던 연간 소득이 제로에 가까워진다는 점이다. 퇴직과 더불어 일과 관계 그리고 소득 절벽까지 찾아온다.

문제는 직장인들의 퇴직 연령이 점차 낮아지고 있다는 점이다. 2013년 서울시복지재단이 55세 이상 서울 시민을 대상으로 한 조사에서 55~59세 연령대의 평균 퇴직 연령은 48.5세로 나타났다. 바로 윗세대인 60~64세와 65세 이상 연령대의 평균 퇴직 연령이 54.1세, 57.6세로 나타난 것에 비하면 퇴직 시기가 빨라지고 있는 셈이다. 김홍영 성균관대 법학대학원 교수는 "국민연금 도입 초기에는 55세 정년이 일반적이었지만 점차 연금 수급 연령이 늦춰져 1969년 이후 출생자들은 65세부터 국민연금을 받게 된다"며 "그 격차를 메우기 위해 50, 60대가 비정규직이나 창업으로 내몰리고 있다"고 말했다.

또한 퇴직 연령이 점점 낮아지면서 퇴직자가 가장 많이 몰려 있는 50대의 소득 수준도 점차 줄고 있다. 2007년만 해도 40대 가구 소득 대비 104퍼센트로 전체 세대 중 가장 높은 소득 수준을 보였던 50대

가구 소득은 점차 줄어 2013년 1분기에는 40대 가구소득의 94퍼센트 수준으로 급락했다. 퇴직 시기가 앞당겨지면서 가구 소득 수준이 정점을 찍고 떨어지기 시작하는 연령대도 앞당겨지고 있다는 의미다. 50대를 지나 60대에 이르면 소득 수준의 감소폭은 더욱 급격하게 커진다. 2013년 1분기 60대 이상의 가구 소득은 40대 가구 소득의 53퍼센트에 불과했다.

위의 두 기사를 요약하면 이렇다. "퇴직 연령이 점차 낮아지고 있다. 이에 따라 50대의 소득 수준도 점차 줄고 있다." 그런데 퇴직 이후 연금은 적어도 15년은 지나야 받을 수 있다. 또한 자녀들의 결혼 시기가 맞물리면서 경제적 상황이 급속도로 나빠질 수 있다. 가장 좋은 대책은 사전 준비다. 퇴직하기 전에 준비가 되어 있다면 금상첨화다. 하지만 늦었다고 생각할 때가 가장 빠른 때라는 말도 있지 않는가? 인생의 한겨울이 찾아오기 전에 준비해야 할 것은 무엇일까?

재무를 디자인하라

■   퇴직을 앞두고 있는 요즘 50대들은 '자산 축적형 재테크'로 재산을 늘려왔다. 아끼고 절약해 돈을 모아 은행 적금에 넣어 종자돈을 모으고, 이를 기반으로 부동산에 투자하여 돈을 늘려나가는 것이 전형적인 수순이었다. 그러나 그것도 부동산 가격이 하루가 다르게 뛰었으니 가능한 일이었다. 지금은 상황이 많이 달라졌

다. 부동산으로 예전만큼의 수익을 올리기는 쉽지 않다. 부동산 불패 신화가 깨졌다고 주장하는 이도 많다. 문제는 부동산을 팔아 퇴직 이후 생활을 꿈꾸는 것이 예전 같지 않다는 점이다. 이자율이 연 2퍼센트다. 10억 원의 부동산을 판다고 하더라도 겨우 월 150만 원 정도밖에 못 받는다는 말이다.

그래서 재무 전문가들은 두 가지를 권한다. 재테크가 아닌 재무 설계와 적금이 아닌 투자다. 재테크가 돈을 늘리는 방법에 가깝다면, 재무 설계는 어떤 목적으로 어느 시점에서 돈을 사용할 것인지 미리 계획을 짜고 그에 대비하자는 것이다. 본인의 결혼 준비금과 주택 마련 자금, 자녀의 교육비와 결혼 준비금, 그리고 노후의 생활 자금과 병원비 등이 주요 사항이다. 이런 상황들을 미연에 대비하자는 것이 재무 설계라면, 투자는 이에 따른 실제적인 준비다. 은행에 예금이나 적금을 하더라도 이자율이 2퍼센트에 불과하니 답이 없다. 또한 예전처럼 부동산의 가격이 쉴 새 없이 오를 수만은 없다는 가정을 한다면, 예금 적금이나 부동산 투자 외에도 금융투자를 고려해야 한다. 본인 결혼 준비금이나 주택 마련 자금을 위해서는 펀드 투자, 자녀의 교육비와 결혼 준비금을 위해서는 교육 보험이나 키즈변액보험, 노후 생활 자금과 병원비를 위해서는 각종 연금 투자와 실손보험 등을 고려해야 한다. 결국 재무상담을 통해 자신의 투자 성향을 확인하고, 그에 맞는 국내외 투자 상품에 다양하게 분산 투자를 한다면 위험도도 상당히 낮출 수 있다. 어느 정도의 위험 부담을 안을 수 있을지 스스로 정해서 그에 합당한 투자를 하는 지혜가 필요하다.

커리어를 디자인하라

■   퇴직 이후의 재무에 관한 고민은 자연스럽게 커리어에 관한 고민으로 이어진다. 그동안 모아둔 돈을 계속 쓰기만 하면 불안하다. 작은 돈이라도 벌 수 있다면 퇴직 이후에도 경제적 활동을 하는 것이 좋다. 퇴직 이후에 월급 150만 원을 받는 곳으로 재취업을 했다면 이는 이자율이 2퍼센트라고 했을 때 원금, 즉 몸값이 10억 원인 것이다. 게다가 금융기관에 10억 원을 예치해두고 매월 150만 원의 이자를 받는 사람은 극히 드물지만 월급을 150만 원을 받기는 좀 더 쉽다. 그래서 나는 이렇게 말한다. '퇴직 전까지 10억 원, 5억 원을 어떻게 준비할 것인가?'보다 '퇴직 후 매월 100만 원 혹은 150만 원의 월급을 어떻게 벌 것인가?'라는 질문에 초점을 맞춰라. 요지는 '퇴직 후에도 자신의 몸값을 보장할 커리어를 어떻게 디자인하느냐'가 퇴직을 대비한 재무 준비의 핵심이라는 말이다.

퇴직 후의 커리어는 재취업형, 자기 사업형, 일반 창업형, 도시형(귀농형 혹은 귀촌형), 봉사형, 완전 은퇴형 등으로 나눌 수 있다. 재취업형은 퇴직 후 다른 회사로 다시 취업을 하는 것이다. 자기 사업형은 퇴직 전까지의 자기 커리어를 활용하여 지식 상품이나 서비스를 강의, 교육, 혹은 자문 등의 형태로 판매하는 것이다. 일반 창업형은 커피숍, 베이커리, 혹은 음식점 등 이전의 자기 커리어와 연관성이 다소 떨어지는 창업을 하는 것을 의미한다. 도시형은 자기가 살던 도시에 그대로 살면서 소일거리를 하는 정도이고, 귀촌형은 살던 도시를 떠나 시골로 들어가는 것이다. 농사를 지을 목적으로 들어가면 귀농형이지만, 농사를 짓지 않고 시골의 소일거리 정도의 잡일을 하며 촌에서 사는 것은 귀촌형이라 할 수 있다. 봉사형은 호스피스, 유적 및 산림 안내, 재능 기부, 종교단체 봉사활동 등으로 사회 봉사활동을 하되 돈을 받지 않거나 적게 받고 일하는 것을 의미한다. 완전 은퇴형은 퇴직을 하면서 일에서 완전히 손을 떼는 것을 말한다.

퇴직 후 커리어 준비는 두 가지로 이루어진다. 하나는 위의 유형 중 하나로 가닥을 잡는 것이다. 퇴직 후에는 많은 돈을 벌겠다는 생각보다는 그동안 하지 못했던 그리고 진짜 하고 싶었던 일에 도전할 수 있는 좋은 기회라는 마음으로 방향성을 잡았다면 반은 성공한 것이다. 또 하나는 꾸준함이다. 가급적 매일 준비하는 것이 좋다. 30분이라도 좋다. 길면 한두 시간이 될 수도 있다. 매일이 어렵다면 주 단위나 월 단위로 정기적인 준비가 필요하다. 글쓰기와 강의를 하고 싶다면 지금부터라도 꾸준한 연습이 필요하다. 자신이 살던 도시에서 그대로 살면서 학원이나 공부방이라도 차릴 마음이 있으면, 초등생과 중등생의 수학책을 놓지 않고 꾸준히 수학 문제도 풀어봐야 한다. 혹은 영어를 매일 사용해야 한다. 봉사를 하겠다 하더라도 퇴직 전 정기적인 봉사활동 없이 퇴직 후 봉사형으로 산다는 것은 비현실적이다. 이런 준비들은 퇴직 후의 커리어에 관한 디자인과도 자연스럽게 연결된다. 이에 관한 작은경제연구소장 김영권의 이야기를 들어보자.

작은경제연구소장
김영권의 퇴직기

■　　　　　　김영권 소장은 전직 기자다. 그는 1981년 학보 기자를 시작으로 따지면 30년간, 1989년 신문사 기자를 시작한 것으로 따지면 22년간 기사를 썼던 사람이다. 지금은 퇴직하고 강원도 화천에서 살고 있다. 그는 강산들꽃[江/山/野/花]이라는 예명으로 블로그를 통해 작은경제연구소를 운영하고 있다. 작은경제연구소는 월 120만 원이라는 작은 돈으로 평생을 살아보겠다고 자기 스스로를 실험하고 있는 1인 연구소다. 말이 연구소지 있는 건 블로그 하나가 전부다. 연구소 주제는 이름 그대로 '작은 경제'다. "우리는 넘치게 만들고, 넘치게 쓰고, 넘치게 버리는 사이클을 살고 있어요. 지구가 감당할 수 있는 수준을 넘어섰습니다. 지속 가능하지 않은 방식이라고 생각해요. 자연을 모두 파괴하고 정복하는 방식으로는 지속 가능성이 있을 수 없습니다. 그래서 귀촌해서 한 달에 120만 원으로 생활하는 프로젝트를 하고 있습니다." 그래서 그가 중점을 두고 실천하고 있는 바는 '6 less 2 more 삶'이다. 여섯 개를 덜 하고 두 개를 더 하자는 것인데 '덜 벌고, 덜 사고, 덜 쓰고, 덜 버리고, 머리 덜 굴리고, 마음도 덜 쓰는 대신 몸은 더 움직이고 가슴은 더 열자'는 것이다. 이것이 그가 주장하는 작은 경제의 삶이다.

　김 소장은 기자로 일하며 쉬지 않고 일해 모은 5억 원이 전 재산이었다. 경기도 아파트를 판 돈 4억 원에 저축이 1억 원. 퇴직을 하며 그 돈으로 그는 오피스텔을 두채 사고, 강원도 화천에 전원주택을 짓고, 이제 막 대학교에 입학한 자식 교육비로 일부를 떼어두었다. 그는 오피스텔 임대료 120만 원으로 매달 생활비를 충당한다. 오피스텔 중 한 채는 10여 년 후 외아들 결혼 자금으로 떼어줄 계획인데, 줄어든 임대료 수익은 국민연금으로 대체할 요량이다. 일흔이 되면 남은 오피스텔 한 채를 팔아 여생을 즐기려고 한다. 마음의 기준을 낮추면 언제나 충만한 삶을 살 수 있다는 생각으로 그는 느리게 사는 다운시프트(downshift)를 몸소 실천한다. 가진 것을 지키기 위해 퇴직 후 치킨 집이나 식당을 창업하기보다 가진 것을 현명하게 쪼개 쓰는 방식으로도 삶을 꾸려갈 수 있음을 보여주고 싶다고 했다.

김 소장은 퇴직을 전후하여 인생이란 '자기만의 꽃을 피우는 것'임을 깨달았다고 한다. "하나의 직업으로 진정 원하는 일을 하기란 참 힘이 듭니다. 현대 사회는 직업이 세분화되어 하나의 직업으로 자신을 온전히 드러내기가 어렵습니다. 이렇게 놀고 싶고 저렇게 표현하고 싶은 여러 비율로 섞여 있는 것이 나란 사람인데 직업이 분화되어 있어서 온전하게 나대로 사는 것이 참 쉽지 않습니다. 삶에 대한 전략적인 관점이 필요해요. 일에만 모든 것을 걸고 매달리지 말고 퇴직 후에는 다양한 나를 다양한 방식으로 표출하며 자신만의 꽃을 피우는 삶을 살아야 합니다." 그래서 그의 블로그는 꽃 사진으로 가득하다. 그는 자신만의 꽃을 피우는 삶을 블로그에 이렇게 소개했다. "이렇게 세 가지만 지키면 잘 사는 거겠지. 덜 벌고 더 살기, 꼭 하고 싶은 일과 꼭 해야 할 일만 하기, 공부와 삶과 글을 일치시키기."

김 소장은 귀촌은 했지만 귀농을 한 것은 아니다. 시골에 살지만 농사는 짓지 않는다. "농사를 지어본 적도 없는 사람이 농사를 짓고 산다는 건 쉬운 일이 아닙니다. 저는 시골에서 풍족하게 벌어 살겠다는 생각은 없고, 작은 텃밭을 가꾸고 산나물을 캐며 자급하는 정도로 만족하고 있습니다." 김 소장이 강원도 화천이라는 시골 중에서도 시골에 오면서 결심한 바는 단 두 가지만 행하는 삶이다. 진짜 하고 싶은 것과 꼭 해야 하는 것. 이 두 가지 외에 해도 되고 안 해도 되는 일, 할까 말까 고민되는 일은 무조건 하지 않기로 했다. 이해관계에 따라 만나던 사회적인 관계도 모두 걷어냈다. 목표를 정하고 전략을 짜서 실행하고 성취하는 도시적인 삶의 방식도 버렸다. 목표를 향한 삶이 아니라 가치관에 합당한 삶으로 즐겁고 행복한 삶을 택했다.

관계를 디자인하라

■   퇴직은 회사를 그만두는 것이기도 하지만, 다르게 보면 하루 종일 집이나 바깥 어딘가에 있게 된다는 일상의 변화이기도 하다. 특히 남편의 퇴직은 아내의 입장에서는 여간 귀찮은 것이 아니다. 인터넷 유머에 이런 말이 있다. "퇴직한 남편이 있는 여자에게 필요한 행복을 위한 네 가지 요소는 돈, 건강, 친구, 딸 둘이다. 그리고 그의 남편에게 필요한 행복의 네 가지 요소는 아내, 집사람, 마누라, 그리고 여편네다." 이런 말도 있다. "세 끼 밥을 집에서 한 번도

먹지 않으면 영식님, 한 끼 밥만 집에서 먹으면 일식이, 두 끼 밥을 집에서 먹으면 이식놈, 세 끼 밥을 집에서 다 먹으면 삼식이 새끼!"

삼식이 새끼 소리를 듣지 않으려면 새로운 관계의 디자인이 필요하다. 퇴직 후엔 무엇보다 부부관계가 중요해진다. 부부간의 대화에서는 사회생활의 주된 이야기 소재였던 정치, 경제 혹은 사회 분야의 이야기보다는 계절, 꽃, 이웃, 여행 같은 일상의 소소한 이야기가 주를 이룬다. 이런 일상의 이야기 속에서 남편은 아내의 드세지는 마음을 읽을 수 있어야 하고, 아내는 남편의 작아지는 마음을 공감할 수 있어야 퇴직 후 부부관계가 안착할 수 있다. 또한 퇴직 후엔 새로운 친구도 필요하다. 어떤 이유에서든 모든 것을 터놓고 이야기할 수 있는 어린 시절의 친구가 마냥 좋기는 이때도 마찬가지일 것이다. 또 대학이나 사회생활을 통해 만나 마음이 잘 통하는 친구도 있을 것이다. 하지만 퇴직 후 새로 사귀게 되는 친구는 함께 보낼 시간이 많다는 점에서 새로운 관계를 만들어나갈 마음의 준비가 필요하다.

하지만 언제나 아내 혹은 친구들과 함께 있을 수만은 없다. 혼자 있는 시간을 피하기는 어렵기 때문이다. 그러니 혼자 있는 연습도 필요하다. 혼자서 책도 볼 수 있어야 하고, 산책도 할 수 있어야 하고, 밥을 먹을 수도 있어야 한다. 특히 남자의 입장에서는 아내가 해주는 밥이 아니라 혼자서 며칠을 살 수 있도록 김치찌개나 된장찌개 같은 것은 할 수 있는 정도가 되어야 혼자 있는 법을 배웠다 할 수 있지 않을까? 아내 없이는 아무것도 할 수 없는 그런 처지가 되면 곤란하다. 그래야 아내와 일상의 작은 이야기를 주고받으면서 그리고 때로는 외로이 홀로 인생을 즐기면서 행복하게 살 수 있지 않을까 싶다. 부부도 친구도 중요하지만, 기억해야 한다. 어차피 인생은 홀로 가야 한다.

PART 3

일과 삶의 균형을 찾는
직장인

13장

안정과 모험

승진에 올인할 것인가,
원하는 미래로 나아갈 것인가

MBA냐 심리학이냐,
기로에 놓인 황 과장

■　　　　　　황 과장은 금융업으로 회사 생활을 시작했다. 강도 높은 업무가 다소 불만이긴 했지만, 높은 연봉으로 위안을 삼았다. 또한 그곳에서의 첫 조직 생활을 통해 회사라는 곳이 어떻게 돌아가는지도 경험할 수 있었다. 하지만 자신이 맡고 있는 업무의 무게감이나 자기 발언권은 그리 크지 않다는 생각이 들었다. 이른바 SKY라 불리는 일류대 출신과 해외 유명대학 MBA 출신들이 많아서 자신에게 무게 있는 업무를 맡기지 않는다는 생각이 드니 더 이상 회사에 있기가 어려웠다. 그래서 그는 취업 재수를 하여 지금의 회사에 입사

하게 되었다.

"생각 정리를 해보고 싶어 왔습니다. 제 직무는 마케팅입니다. 사실 이 일을 하면서 돈을 많이 벌고 여가도 즐길 수 있는 프리랜서가되는 것은 하늘의 별따기입니다. 그렇다고 무슨 자격증을 가질 수 있는 것도 아닙니다. 그래서 공부를 더 해볼까 합니다."

나는 그의 생각을 질문으로 바꾸어 표현하도록 권했다. "제가 MBA를 취득한다면 내 노력에 대한 합당한 보상을 받을 수 있을까요? 아니면 개인적으로 하고 싶은 심리학 공부를 그냥 해보는 것이 좋을까요?" 그의 질문은 '해외가 아닌 국내 일반 MBA나 심리학 대학원 졸업장을 따기 위해서는 2년이라는 시간, 그리고 기회비용을 포함하여 1억 5,000만 원쯤은 투자해야 하는데, 이것이 그만한 가치가 있는가' 였다.

나는 두 가지 관점에서 황 과장에게 질문을 했다. 하나는 목표 관점의 질문이었다. "퇴직할 때 나이가 몇 살쯤 될까요?" 서른여덟인 그는 50대 초중반을 퇴직 시점으로 예상하고 있었다. "그때 어떤 모습으로 퇴직하고 싶으세요?" "팀장 아니면 상무쯤이 아닐까요?"라고 대답하는 그의 말에는 사신감이 없어 보였다. 상무는커녕 팀장도 쉽지 않은 목소리였다. 목표 관점에서 MBA나 심리학을 평가해보라는 말에 그는 이렇게 마음을 정리했다. "저는 무엇이든 배우는 것은 좋다고 생각합니다. MBA 과정은 팀장이나 상무 역할을 할 때 도움이 될 것 같은데 제가 그 자리에 올라갈 수 있을지는 잘 모르겠네요. 심리학은 제가 배워보고 싶었던 학문이니까, 그 자체가 목표라고 할 수 있지 않을까요?"

이번에는 프로세스 관점에서 질문을 던졌다. "MBA와 심리학 중 어느 쪽에 더 흥미가 가고 에너지가 생기나요?" "그야 당연히 심리학 쪽이죠. 하지만 그냥 평범하게 직장생활을 마무리하고 싶지는 않습니다. 그래서 '아, 이건 아닌데'라는 마음에 어떤 탈출구나 대안으로 심리학을 생각하고 있는 것 같기도 합니다."

이러지도 저러지도 못하는 그의 마음을 헤아리며 나는 이렇게 말했다. "인생의 모든 것에는 가격표가 붙어 있잖아요. 그것을 얻기 위해서는 합당한 가격을 지불해야 되고요. MBA나 심리학 학위 취득에 합당한 가격 지불에는 어떤 것들이 있을까요?" 그는 잠시 고민하고 대답했다. "돈과 시간 투자뿐만 아니라 가정에 대한 소홀함도 고려해야겠네요. 임원이 된다는 보장도 없으니 MBA로 가기도 쉽지 않고, 그냥 제가 심리학을 하자니 그것도 마음에 걸리고. 결정하기가 쉽지 않네요."

우리는 잠시 가정주부로 있는 아내와 두 아들에 대해 이야기했다. 황 과장은 애써 미소를 지으며 이렇게 말했다. "하나를 얻기 위해서는 하나를 포기해야 하는데, 그걸 생각하지 못한 것 같습니다. 그러고 보니 임원들 중에는 일을 제대로 진행하기 위해 애쓰느라 가족이나 사내 인간관계가 삐걱거려도 신경 쓰지 않는 분들이 많은 것 같습니다. 그런 생각이 드니 저에게 임원은 맞지 않는 옷 같네요." 그리고 이렇게 결론 내렸다. "제가 아직은 준비가 덜 된 것 같습니다. 이야기를 나누어보니 MBA는 아닌 것 같고요, 심리학 공부는 지금부터

제가 스스로 조금씩 해야 할 것 같네요. 세상에 공짜는 없다는 말이 실감나네요."

마흔 언저리는 불안하다

■   입사 이래 줄곧 앞만 보고 질주해오던 대리나 과장들은 마흔쯤에 이르러 생각지도 못한 낯선 길과 마주치게 된다. 사실 마흔 이후에도 계속되는 성장의 길은 스타의 길이다. 조직 내에서 인정을 받은 사람들은 팀장, 임원 등으로 계속해서 승진할 것이고, 새로운 업무를 배정받을 것이고, 더 큰 책임과 높은 직위를 부여받을 것이다.

하지만 어차피 조직은 피라미드 구조를 띨 수밖에 없기에 소수의 스타를 제외한 대부분은 정체된 평범한 길을 걷는다. 남들에 비해 지식이나 기술이 모자랐을 수도 있고, 사내정치나 인간관계가 미흡했을 수도 있다.

마흔은 무언가를 새로 시작하기에 두려움부터 앞서는 나이다. 불혹이라고는 해도 눈만 뜨면 새로운 것이 출몰하는 현대사회에서 유혹에 흔들리지 않기란 불가능에 가깝다. 그렇기에 학위 취득을 고려한 황 과장의 속마음은 '이제 저도 마흔이 가까워지니 불안하네요. 무엇을 해야 하나요?'쯤 될 것이다. 나는 그런 고민에 빠진 모두에게 언제나 실행이 답이라고 하면서 "해봐야 알지요"라고 말한다. 한창 일할 나이, 가족의 뒷바라지를 할 나이, 사회의 허리 역할을 감당할 나이인 마흔. 평균 수명 100세를 앞두고 있는 현대사회의 기준으로는 한여름에 불과하다.

성장보다는 정체가, 도전보다는 불안이 급습해오는 마흔에는 여행이 아닌 모험을 떠나야 한다. 여행은 많은 사람들이 갔던 코스대로 정해진 길을 따라 유명 관광지를 돌아보는 것에 가깝다. 혼자 가는 경우도 있지만 가족이나 지인 등과 함께할 때도 많다. 가이드가 함께하며 설명을 해주면 더 재미있는 것이 여행이다.

모험은 반대로 정해져 있지 않은 길을 자기만의 방식으로 탐험하는 것이다. 그래서 될 수 있는 한 남들이 가지 않은 길을 찾아 오지로 떠나는 경우가 많다. 때로는 가이드가 있기도 하지만 역할은 한정적이며, 심지어 없는 경우가 더 짜릿하다. 더욱이 혼자서 꿋꿋이 가야 할 길이라는 의미에서 마흔의 인생은 여행이 아닌 모험에 더 가깝다. 여행의 필수품은 지도지만 우리의 인생에는 지도 같은 것이 없기 때문이다. 여기 여행이 아닌 모험을 떠난 어느 마흔 살 아저씨의 이야기를 들어보자.

직장인 모험가의 사막 마라톤 이야기

■　　　　　김경수 씨는 서울시 9급 공무원으로 시작해 현재 강북구청 수유3동 행정민원팀장으로 근무하는 우리 시대의 평범한

직장인이다. 그런 그가 마흔에 시작한 사막 마라톤은 지금까지 10년 넘게 이어지고 있다.

모로코 사하라, 중국 고비, 나미비아 나미브, 칠레 아카타마 등 세계 곳곳의 사막을 횡단했다고 하면 사람들은 그가 엄청난 체력을 가진 근육남인 줄 안다. 하지만 그는 작은 체구, 너무나 평범한 외모, 그리고 얌전하기 그지없는 인상을 가졌다. "저의 목표는 좋은 기록을 내는 것이 아니라 끝까지 가는 것입니다"라고 말하는 그는 평범한 가장이고 보통의 직장인이다.

그가 사막 마라톤에 도전하기로 마음먹게 된 것은 '가족들 먹여 살리는 일 말고는 내 인생에 아무것도 없구나.' 하는 생각에서였다. 마흔이 되도록 이룬 것 없는 자신에게 사막 마라톤을 완주한다는 것은 '과거에 놓쳐버린 꿈에 대한 완주'일지도 모른다는 마음으로 그는 새로운 도전에 발을 내디뎠다.

사막 마라톤 참가를 위해 그는 가장 먼저 아내의 동의를 구했다. 500만 원짜리 마이너스 통장을 들고 아내에게 보여주었더니 아내가 쏘아붙였다. "당신, 지금 제정신으로 하는 소리예요? 더군다나 안 가봐도 뻔한 사막 같은 곳엘 가겠다고? 당신, 가장이에요. 애들 생각은 안 해요? 정신 차려요!" 그 말을 듣고 그는 수없이 고민했다. 그런데도 가고 싶다는 생각을 접지 못한 데는 이유가 있었다. 이렇게 포기해버리면 무난하게는 살겠지만 앞으로 더 무의미하게 살게 될 것 같았기 때문이다. 그는 그 이유를 아내와의 대화를 통해 알았다. 무의미한 삶을 살고 있다는 두려움이었다. 그 두려움에 맞서자 울컥하며 눈물이 쏟아지려고 했다. 그는 눈물을 꾹 눌러 삼키며 조용히 방에서 나왔다. 그렇게 몇 달이 흐르고, 그는 아내의 암묵적인 동의를 얻었다.

다음은 본격적인 체력 훈련이었다. 달리기가 취미인 그는 마흔이 되기 전에 15킬로미터 단축 마라톤 대회를 시작으로 마라톤 풀코스두세 번을 뛰어본 경험이 있었다. 그러면서 술과 담배를 끊는 부수입도 올렸다. 하지만 사막 마라톤을 위해서는 지금과는 완전히 다른 체력 훈련을 해야 했다. 직장생활을 계속하면서 훈련을 하기 위해서는 그의 모든 생활 영역이 훈련장이 되어야 했다.

바로 실행으로 들어갔다. 출퇴근 때는 1킬로그램짜리 모래주머니를 양 발목에 차고 집에서 회사까지 30여 분을 뛰어다녔다. 점심시간엔 식사를 빨리 마치고 팔굽혀펴기나 아령으로 상체 운동을 했다. 어디든 계단이 있으면 뛰어서 오르내리고, 매달릴 만한 구조물이 보이면 턱걸이를 했다.

퇴근 후에는 시간이 날 때마다 배낭에 6킬로그램 정도 책을 넣고 중랑천 변을 달렸다. 비가 내리는 날엔 아파트 계단을 수십 번 오르내리는 것으로 대신했다. 부지런을 떨어도 주중 훈련 시간은 턱없이 부족했기에 주말에는 북한산을 달렸다. 보통 사람들은 걸어서 세 시간 정도 걸리는 코스를 50분 만에 주파할 수 있을 정도로 체력을 끌어올렸다.

그렇게 그는 오랫동안 꿈꾸던 사막 마라톤에 참가했다. 그런데 경기 중 배낭의 무게를 더 이상 견딜 수 없겠다는 생각이 들었다. 무게를 줄이기 위해 옷이나 배낭에 붙어 있는 것부터 떼어냈다. 마지막으로 이부자리가 되어준 침낭과 침낭보다 무거운 태극기가 눈에 들어왔다. 결승선을 통과할 때 세리머니를 하려고 준비해 온 대형 태극기였다.

그는 무엇을 버릴지 선뜻 결정할 수가 없었다. 침낭을 버리면 덜덜 떨며 추운 밤을 보내야 했고, 태극기를 버리면 완주 후의 멋진 세리머니를 접어야 했다. 어려운 환경 때문에 원하는 것을 끝까지 해본 적이 없었던 그는 늘 '완주'에 대한 열망을 가지고 있었다. 태극기 세리머니를 통해 가슴속 열망을 기어이 현실로 끌어낸 자신에게 멋진 선물을 주고 싶었다. 양자택일의 갈림길에서 그는 침낭을 모래 속에 파묻었다.

이 사건을 통해 그가 가장 원한 것은 가슴속에 담아둔 열망을 현실로 끌어내는 일이었다는 것을 깨닫게 되었다. 이런 마음으로 10년이 지난 지금도 그는 사막을 달리고 있다.

과거에서 초심을 건져내라

■　　　　　　지난날의 성과나 커리어를 리뷰하고 정리하는 시간을 갖는 것은 새로운 도약을 위한 좋은 출발점이다. 정리란 여기저기 흩어져 있던 삶의 조각들을 질서 있게 끼워 맞춰 하나의 퍼즐로 조직화하고 체계화하는 것이다. 혼자 조용히 정리의 시간을 갖는 것

도 좋지만 이는 쉬운 일이 아니다. 이럴 땐 인생의 선배나 멘토 혹은 전문가와 함께 깊은 대화의 시간을 가져보는 것도 좋다. 타인의 시각은 일과 삶에 대한 깊은 통찰을 가져다주기도 한다. 과거로부터의 통찰은 가장 나다운 초심과 세상으로부터 때 묻은 나머지를 구분하는 것이다. 초심은 순수한 나의 연장이고, 그 외의 것은 모두 외부로부터 온 것이기 때문이다. 다 버림으로 초심을 다시 붙잡는 것이 가장 중요하다.

어려운 환경 때문에 원하는 것을 끝까지 해본 적 없었던 김경수 씨는 사막 한가운데서 '완주'의 상징물인 태극기를 선택하고 나머지는 전부 다 버렸다. 심지어 침낭까지. 황 과장 또한 이 같은 생각으로 새로운 시작을 할 수 있었다. 그는 MBA와 심리학 대학원 중 하나를 버렸다. 지난 과거를 돌아보며 나와 가장 거리가 먼 것을 버려가는 과정, 이것이 과거를 반추하는 통찰의 과정이다.

스스로에게 물어보자. "나와 가장 거리가 먼 것은 무엇인가? 남들이 다 하니 그냥 따라 하는 영어 공부인가, 그저 막연히 뭐든 해야겠으니까 하고 있는 자격증 준비인가, 혹은 불안감에 나도 한번 해볼까 하고 생각하는 대학원 진학인가?" 그렇게 '자신이 아닌 것'을 한 가지씩 버릴 때마다 우리는 자신이 누구인지 점점 더 분명하게 알게 된다.

미래를 상상하라

■　　　　가지 못하는 미래를 가장 저렴하고 효과적으로 체험할 수 있는 방법은 상상이다. 상상이 가난하면 현실도 가난하다. 내일을 상상하지 못하는 사람은 하루 벌어 하루 사는 데 만족한다. 그러면서 저축할 돈이 없다고 말한다. 하지만 이런 하루살이 형편 중에 내일을 상상하며 저축을 하는 이들도 있다. 몇 년 혹은 십여 년 앞을 상상하지 못하는 월급쟁이들은 한 달 월급으로 겨우 살아간다고 투덜거린다. 하지만 상상의 날개를 펼 줄 아는 사람들은 이렇게 말한다. "자녀 교육비는 비용이 아니라 내일을 위한 투자에 더 가깝지 않을까요? 퇴직 이후를 생각해서라도 조금 적게 쓰고 그 돈으로 매달 개인연금에 가입하는 것이 지혜 아닐까요?" 돈뿐만이 아니라 미래에 하고픈 일이든, 머물 공간이든, 혹은 누리고 싶은 여가든, 마지막까지 최선을 다하면서 뒤를 챙기는 마음, 다시 말해 뒷심을 상상하지 못하면 인생은 정체되기 마련이다.

미래는 상상하는 자의 것이다. 그 길에는 전혀 엉뚱한 일이 기다리고 있을지도 모른다. 이윤기 씨는 마흔이 넘은 나이에 처음으로 그리스 땅을 밟은 것을 계기로 『이윤기의 그리스 로마 신화』를 쓰리라 마음먹었다고 한다. 늦은 나이지만 간절한 마음으로 모험을 택한 것이었다고 그는 말했다. "그래, 세상이 아무리 이렇더라도 역시 인간은 모험을 해야 하는 거야"라고.

루마 썬팅으로 업계 1위를 달리고 있는 김우화 사장은 필름의 '필'

자도 모르던 평범한 회사원이었다. 하지만 미래를 상상하는 뒷심으로 인생역전을 이루어냈다.

레이 크록 또한 마흔이 넘어서 맥도날드 1호점을 오픈하여 세계 제일의 프랜차이즈로 키우지 않았던가? 사람 일은 모를 일이다. 미래를 상상하기만 한다면 말이다.

이처럼 마흔 이후에 뒤늦게 찾아온 마음과 어렸을 때나 젊은 시절 반드시 해보고 싶었던 일인 초심은 현재에 안주하지 않고 끊임없이 도전하고자 하는 열정으로 완성된다. 과거에 대한 반추나 미래에 대한 상상도 모두 현재에 이루어지는 일이기 때문이다. 이것이 평범한 직장인 모험가 김경수 씨가 경험한 것이고, 평범한 직장인이었던 내가 우리나라 최초의 사내 성과 커리어 코치가 될 수 있었던 비결이기도 하다.

평소 마라톤을 즐기던 김경수 씨는 사막 마라톤이라는 상상 속에서 열심히 뛰었다. 상담을 전공했던 나는 직장인의 일과 커리어, 삶에 대해 상담하는 사람이 되기를 꿈꾸었고 지금도 그 같은 열정으로 일하고 있다.

오늘 하루 최선을 다하는 열정, 그것이 한여름을 이겨내는 힘이다. 여름이 덥다고 가만히 앉아 있으면 더 덥게 느껴진다. 몸을 움직이면 오히려 더위를 잊게 된다. 이열치열이다. 마찬가지로 겨울이 춥다고 가만히 있으면 더 춥게 느껴진다. 추우니까 몸을 더 움직인다는 마음으로 열심히 움직이면 추위는 사라진다. 그렇기에 지금 힘들어도 포기하지 말고 한 걸음만 더 내딛자. 걷기가 힘들다면 버텨야 한다.

걷다가 버티다가 그렇게 살다 보면 그대만의 모험을 진짜 즐길 수 있는 시간이 온다. 이른 봄에 피는 꽃이 있는가 하면 늦가을, 혹은 한겨울에 피는 꽃도 있지 않은가? 그대의 꽃은 조금 늦게 피어오를지도 모르는 일 아닌가?

/ 14장 /

일과 가정

둘 중 하나만
선택해야 한다는 법은 없다

연봉도 많이 받고
가정에도 충실하고 싶은 임 과장

■   "커리어가 진취적이어야 할까요? 일과 가정의 균형을 맞춰야 할까요? 어느 것이 더 중요한가요?" 임 과장의 첫 질문이었다. 그의 업무는 무선 네트워크 운용인데, 이 일은 탄력적으로 시간을 사용할 수 있고 교대 근무로 인한 야간 근무 수당도 꽤 크다는 장점이 있었다. 하지만 그와 같은 곳에서 근무하다 최근 본사 사업 부서로 옮긴 학교 선배를 만났는데, 그 선배는 "그곳에서 더 빨리 나오지 못한 것이 후회된다"며 그도 하루빨리 그곳에서 나와 본사 사업 부서로 가야 한다고 마음을 들쑤셔놓았다. 그런 마음을 요약해

보라고 했더니 그가 이렇게 말했다. "하는 일은 마음에 들지만, 소속 부서는 힘이 없습니다. 그래도 회사에서 인정을 받는, 힘 있는 팀으로 부서 이동을 하고 싶습니다."

부서 이동을 하고 싶다는 마음은 있지만, 한편으로는 바로 실행하지 못하도록 막는 마음도 있었다. 가장 큰 걸림돌은 가족이다. 아내는 서른셋이고 그는 그보다 두 살 위다. 부부는 슬하에 네 살 된 딸과 두 돌이 지난 아들을 두고 있다. 그는 무척이나 가정에 충실하고자 애쓰는 스타일이다. 특별한 경우를 제외하고는 저녁 약속도 거의 잡지 않고 곧바로 집으로 돌아간다. 아내는 자신을 소개할 때마다 '가족들과 함께 저녁 식사를 즐기고, 자녀들과 시간 보내기를 좋아하는 모범 직장인'이라 말한다고 자랑했다. 아내는 지방에서 나름 괜찮은 중소기업을 다니고 있다. 하지만 평생 그곳에 다닐 계획은 없다. 육아와 자녀교육에 집중하기 위해 조만간 회사를 그만둘 생각을 하고 있다. 그렇다고 일을 완전히 그만둘 생각은 아니다. 자녀교육에 관심이 많아 파트타임으로 아이들을 돌보는 일을 하면서, 장기적으로는 자연친화적 어린이집을 개원할 계획을 가지고 있었다. 나는 "이런 생각까지 다 포함해서 과장님의 고민을 정리해보면 어떻게 되죠?"라고 다시 물었다. 그는 머리를 긁적이며 "연봉도 높고 가정에도 충실할 수 있는 그런 자리, 어디 없을까요?"라고 물었다.

내가 "그런 자리 있으면 나도 좀 소개해주세요"라고 받아쳤더니 그는 크게 소리 내어 웃었다. 나는 임 과장에게 문제를 하나 낼 테니 맞혀보라고 했다. "우리나라에서 가장 돈을 많이 버는 사람은 어떤 직업을 가지고 있던가요?" 몇 초도 지나지 않아 그가 "그야 의사나 변호사 아닌가요?"라며 되물었다. "맞습니다. 그러면 의사와 변호사는 왜 연봉이 셀까요?"라는 말에 그는 잠시 생각에 잠겼다. 잠시 후 그가 대답했다. "여러 이유가 있겠지만, 이런 이유도 있지 않을까요? 가정을 돌볼 시간도 없이 환자와 의뢰자들에게서 엄청난 스트레스를 받고 힘들어하기 때문입니다. 직장인들은 주 5일 근무를 하면서 가족과 함께하는 시간을 가지지만, 이분들은 토요일이나 일요일도 일을 하니 연봉이 많겠네요." 나는 "빙고!"를 외치며 그의 생각에 공감을 표했다.

"돈을 많이 버는 직장인 중에는 외국계 투자은행 직원, 컨설팅 회사 직원, 그리고 임원들도 있습니다. 이들의 높은 연봉은 하는 일에 대한 보상도 있겠지만, 가족과의 시간을 포기하는 것에 대한 보상의 의미도 있지 않을까요?"라고 내가 물었더니 임 과장이 고개를 끄덕였다. 그러고는 스스로 이렇게 이야기를 정리했다. "그렇다면 저는 정했습니다. 힘센 부서도 그리고 연봉도 저에게는 중요하지 않습니다. 가족보다 소중한 것은 저에게 없습니다. 소중한 깨달음을 주셔서 고맙습니다"라며 상담실을 나서는 그의 걸음이 한결 가벼워 보였다.

이분법적 사고를
뛰어넘는 균형의 추

■   경제협력개발기구(OECD)는 매년 회원국들을 대상
으로 고용이나 주거 환경 등 11개 영역을 비교 조사하여 '더 나은 삶
의 지수(Better Life Index)'를 발표하고 있다. 최근 삶의 질과 행복이 세
계적인 화두로 떠오르면서 일어난 현상이다. 국민총생산(GDP) 같은
경제적 지표와 국민 행복은 전혀 별개의 문제라는 인식에서 비롯된
시도다. 이 통계 중 '삶의 만족도' 항목에서 한국은 전체 36개국 중
25위에 그쳤고, '일과 삶의 균형' 항목에서는 꼴찌 수준인 34위를 차
지했다. 삶의 만족도가 떨어지고, 특히 일과 생활의 균형이 처참히
무너져 있다는 얘기다.

또한 경제협력개발기구가 회원국들의 사회적 지표를 종합적으로
분석해 발표하는 '한눈에 보는 사회' 보고서에 따르면 한국의 무급노
동 비중은 전체 회원국 가운데 가장 낮은 것으로 나타났다. 무급노동
이란 말 그대로 돈을 받지 않는 노동을 뜻한다. 가족 구성원에게 필
요한 상품이나 서비스를 가정 내부에서 생산하는 것으로, 흔히 떠올
릴 수 있는 요리나 집안 청소 혹은 빨래 등 일상적으로 되풀이되는
가사노동이 대표적인 무급노동에 해당한다. 아동이나 환자, 노인 등
을 돌보거나 주택·가구 등을 보수·정비하는 활동 역시 무급노동에
속한다. 평균적인 한국인이 24시간 가운데 무급노동에 쓰는 시간은
2시간 16분으로 OECD 평균 3시간 17분에 비하면 3분의 2 수준에

머물러 있다. 반면 노동의 대가를 받고 일하는 유급노동 시간은 하루 평균 5시간 48분으로 일본에 이어 2위다. 무급노동의 비중이 낮다는 것은 직장에서 돈을 받고 일하는 시간은 긴 데 비해 집안에서 직접 가사노동을 처리하는 시간은 짧다는 것을 의미한다.

두 기사를 함께 생각해보자. '무급노동과 유급노동의 균형'이라는 어구 중에서 가장 중요한 단어는 무엇일까? 아마 다들 균형이라는 답을 떠올리지 않았을까 싶지만 나는 '과'가 정답이라고 말하고 싶다. 실없는 농담처럼 웃어넘길 수도 있는 얘기지만, 이 말장난에는 중요한 의미가 있다. 무급노동이냐 유급노동이냐 하는 것은 이분법적인 '또는'의 사고다. '일이냐 가정이냐'도 마찬가지다. 일과 가정의 균형이라는 말의 핵심은 '과' 즉 '그리고'의 사고다. '일과 가정'의 균형을 잡는다는 것은 둘 중 하나를 선택하는 것이 아니기 때문이다. 일과 가정의 균형을 어떻게 이룰 것인지 고민하게 하는 두 사람의 이야기가 여기 있다.

아인슈타인과 이주헌의 차이

■　　　　아인슈타인은 베른 특허국의 직원으로 5년간 일하다가 특수상대성이론을 발표하고, 베를린 대학의 교수로 임명되어 서른 중반의 나이에 커리어의 날개를 달고 훨훨 날고 있었다. 하지만 그의 결혼생활은 순탄치 않았다. 그가 임신하여 친정에 가 있는 아내

에게 쓴 편지를 보자. "레나르트가 쓴 '자외선에 따른 음극선의 발생'에 관해 쓴 훌륭한 논문을 읽었소. 이 멋진 논문을 읽고 행복과 기쁨에 겨워 이를 당신과 나누고 싶다는 생각이 들었다오." 그리고 자신이 아버지가 된다는 사실을 편지를 써 내려가다가 간신히 기억해냈는지 한참 후에야 아이에 대한 언급이 등장한다. 임신한 아내와 아이에 대한 그의 생각이 이 정도였으니 결혼 생활도 제대로 유지하기 힘들었을 것이다. 결국 그의 아내는 얼마 가지 못해 두 아들을 데리고 그를 떠나버렸다. 그리고 얼마 지나지 않아 이혼을 하고 만다.

안타깝게도 아인슈타인은 아버지로서의 기쁨과 행복을 거의 맛보지 못했다. 정신분열증을 앓던 둘째 아들은 정신병동에 갇혀 지냈다. 그는 둘째 아들을 찾아간 적이 한 번도 없었을 뿐 아니라 연락도 거의 하지 않고 지냈다. 둘째 아들의 존재를 무시하고 살았다는 표현이 맞을 것이다. 큰아들과의 관계도 서먹하기는 마찬가지였다. 큰아들은 아버지를 정상적인 가정생활을 하지 않고, 아니 가정을 망가뜨리면서까지 연구에만 몰두했던 사람으로 기억한다. 그는 부모로서 누릴 수 있는 만족감은 알지 못한 채 자신만의 커리어 세계에만 갇혀 산 사람이었다.

아인슈타인의 이야기를 통해 나는 직장인들이 가장 많이 던지는 질문 중 하나인 다음 질문을 스스로에게도 던져보았다. '일의 성취와 가족의 행복은 양립할 수 없는 것일까? 위대한 커리어라는 전경 뒤에는 형편없는 가정생활이라는 배경이 어울리는 것인가?' 이는 전혀 근거 없는 질문은 아니다. 내가 아는 주변의 성공한 몇몇 임원들을 보면 가정생활이 그리 행복하지 않은 것을 넘어 형편없기 때문이다. 이들을 생각하면 마치 경주마의 눈을 가리고 앞으로만 달리게 하는 상황이 연상된다. 그런데 이 어려운 주제를 지혜롭게 잘 풀어낸 사람이 있다. 그는 미술평론가 이주헌 작가다.

이주헌 작가는 한겨레신문 문화부에서 미술 담당 기자로 이름을 날렸다. 그는 미술 전문 글쟁이가 되려고 신문사에서 나온 뒤 『50일간의 유럽 미술관 체험』이라는 책을 썼다. 이 책은 그가 유럽 15개의 미술관을 약 50일간 돌아본 과정을 여행기처럼 써나가면서 미술관에서 만난 미술 작품들과 그 안에 담긴 이야기를 들려준다. 그런데 이 책이 만들어진 과정이 흥미롭다. 그는 5년 넘게 몸담았던 신문사에 무작정 사표를 냈다. 본격적인 미술 글쟁이로 살고 싶었기 때문이었다. 그리고 무작정 화랑 겸 출판사인 학고재의 우찬규 사장을 찾아갔다. 그는 우 사장에게 유럽 주요 미술관을 답사하면서 기행문처럼 들려주는 대중적 미술책을 펴내자고 제안했다. 그리고 취재비용으로 1,000만 원을 먼저 달라고 요청했다. 우찬규 사장과 특별한 인연을 맺고 있었던 것도 아님에도 불구하고 말이다. 우 사장은 그의 기획력과 당돌한 도전정신에서 가능성을 엿보고 그 자리에서 흔쾌히 그의 조건대로 책을 펴내기로 약속을 해주었다.

그렇게 출판사에서 1,000만 원을 지원받은 그는 당시까지 저금한 돈 400만 원 중에서 달랑 100만 원만 남기고 모두 인출해 여행비에 보탰다. 그러고는 아내와 두 아들을 데리고 온 가족이 함께 유럽으로 출발했다. 당시 그의 나이는 서른셋이었고, 아이들은 겨우 세 돌과

한 돌이 지난 때였다. 그는 모든 가족들과 함께 하는 여행을 간 이유에 대해 『한국의 글쟁이들』이라는 책에서 이렇게 말한다. "처음부터 두 아이들을 데려갈 생각이었습니다. 일반 독자를 대상으로 하는 미술책이므로 가족 여행 이야기가 들어 있어야 편하게 다가갈 수 있고, 또한 아이들을 데리고 가야 에피소드들이 나올 것이라 계산했기 때문입니다." 그리고 이렇게 덧붙였다. "여행은 힘들어도 책에 재미를 넣어 폭넓은 대상을 독자로 끌어들이기 위한 선택이었습니다. 가족들에게 미술이 무엇인지 쉽게 설명해주는 여행기를 읽다 보면 유럽의 풍경을 감상하면서도 동시에 가이드의 설명을 재미있게 듣듯 미술을 만날 수 있습니다."

일과 가정을 별개로 보았던 아인슈타인과는 달리 이주헌씨는 일과 가정을 하나의 통합된 관점으로 대하는 지혜를 발휘했다. '일 따로 삶 따로'가 아니라 일과 가정, 혹은 일과 삶이 각각 전경과 배경이 되어 자신만의 독특한 그림을 만들어내게 한 것이다.

건강을 위한 생활운동을 챙겨라

■   임 과장뿐 아니라 대한민국 직장인들이 가장 중요하다고 생각하면서도 가장 실천하지 않는 삶의 요소 중 하나는 건강을 위한 운동이다. 야근이나 주말 근무 등으로 지친 몸을 추스를 시간도 없이 침대로 직행하기 바쁘기 때문이다. 하루 30분이라도 시간

을 내어 운동을 하고 싶다는 마음은 간절하지만, 현실적인 이유로 이 마저도 실천하기가 쉽지 않을 때가 많다. 이럴 때 일과 삶을 통합하는 지혜가 필요하다. 생활운동이 그 대안이다. 자투리 시간을 이용해 일상생활 자체가 운동의 연속이 되도록 하는 것이다. 동료나 가족들과 함께한다면 자신의 건강도 챙기면서 그들의 건강까지도 챙길 수 있어 일석이조의 효과를 낼 수 있다.

예컨대 출퇴근길의 계단은 더없이 좋은 생활운동 기구다. 나는 계단을 보면 '계단아 고맙다'고 속으로 이야기한다. 사무실이 8층이었던 나는 8층까지 엘리베이터를 이용하지 않고 계단으로 올라갔다. 16층이 사무실이었을 때도 걸어 다녔다. 볼일이 있어 1층으로 내려오면 어김없이 다시 계단을 오른다. 이렇듯 계단은 건강도 챙기고 일의 능률도 높여주는 훌륭한 운동 기구다. 점심 식사 후에는 동료들과 함께 사무실 주변을 산책할 수 있다. 함께 길을 걸으며 나누는 이야기는 관계를 더욱 풍요롭게 만들 수 있다. 퇴근 후에는 아파트 계단 오르기, 아내와의 산책과 대화, 아이들과의 놀이 등으로 생활운동을 이어나갈 수 있다. 운동할 시간이 없다고, 대화할 시간이 없다고 핑계 댈 필요가 없다. 궁하면 통하는 법이다. 규칙적인 운동 시간이 있다면 더할 나위 없다. 그래서 나는 스스로에게 종종 묻는다. '나는 자투리 시간이 있는가? 그 시간을 내어 일상 자체가 건강한 삶이 되는 생활운동을 매일 실천하고 있는가?'

미래를 위한
공부의 시간을 가져라

■　　　　　생활운동이 일과 삶의 통합을 위한 생활 중심적 행위라면, 커리어 중심적인 것으로는 공부가 있다. 이 시대의 직장인들은 삼팔선, 사오정, 오륙도라는 위험한 미래를 떠안은 채 불안한 마음으로 살고 있다. 하지만 더 위험한 것은 오륙도 이후에도 20~30년은 더 일해야 하는 암담한 노후다. 이런 관점에서 일과 삶의 통합을 위해서는 퇴근 후 동료나 가족들과 함께 노는 것 같은 현재를 넘어 미래를 준비하는 지혜도 갖춰야 한다. 이를 위해 공부해야 할 필수 과목은 여러 가지가 있지만, 그중에서도 미래의 일거리를 준비하기 위한 커리어 공부와 노후 자금 마련을 위한 재무 설계 공부는 필수 중에서도 필수다. 하지만 대부분의 직장인은 이 두 과목의 점수가 낙제점에 가깝다. 미래를 위한 공부를 하지 않고 있기 때문이다. 그런데이 두 가지를 가로막는 가장 강력한 적은 아이러니컬하게도 자녀들의 공부 뒷바라지다. 아이들의 사교육비를 충당하느라 공부할 시간도 못 내고 재무 설계에 따른 투자도 제대로 못 하는 것이다.

이 시점에서 이주헌 작가의 이야기를 다시 한 번 생각해볼 필요가 있다. 우리 또한 일은 혼자 하고 그렇게 번 돈은 가족과 함께 쓴다는 분리된 생각에서 벗어나야 한다. 자신에게 주어진 상황 속에서 일과 가정을 통합하려는 노력이 필요하다. 예를 들어보자. 중학생과 초등학생 남자 아이 셋을 두고 있는 나는 코칭 카페를 위한 창업 자금, 노후 자금, 아이들 대학 교육비 등을 마련하기 위해 매달 꽤 큰 금액을 적립 투자하고 있다. 또 운동, 피아노, 미술 등의 예체능 사교육비도 만만치 않다. 하지만 나는 학교 교과목을 가르치는 학원은 절대 다니지 못하게 했다. 그러니 학원비가 별로 들지 않았다. 그렇게 해서 중학교에 들어간 큰아들의 학원비를 최소화하고 있다. 아이들 공부를 내가 최대한 직접 가르친다는 생각에서다. 그렇게 생긴 여윳돈으로는 연금 상품에 가입했다. 아이의 교육과 재무 설계를 한꺼번에 잡기 위한 노력인데, 현재까지는 성적이 꽤 괜찮다. 나는 미래를 위한 공부에 매일 혼자만의 시간을 두 시간씩 투자한다. 물론 회식이나 다른 일정이 있으면 그럴 수 없다. 하지만 대개의 경우 절대 공부를 손에서 놓지 않는다. 퇴근 후에는 아이들과 함께 저녁 공부를 한다. 공부하는 습관을 들이고, 의자에 앉아 있는 연습을 하면서 자기주도적으로 학습하는 습관을 들이기 위함이다. 이를 위해 공부 환경 조성에도 신경을 썼다. 우리 집은 내 서재와 거실의 아이들 서재로 책이 가장 흔한 인테리어 용품이다. 독서가 우리 집의 가장 흔한 풍경 중 하나다. TV가 있긴 하지만 주말에만, 그것도 최소한의 시간만 이용한다. 학원 선생님에게서 시험에 나오는 문제를 잘 푸는 방법을 배우는 것이 아닌 부모가 평생 공부를 하는 것을 보고 자라는 자녀들로 키우고 싶다는 마음에서다. 나는 늘 스스로 묻고 있다. '나는 미래의 일거리에 대한 준비와 재정적 대비를 제대로 하고 있는가?'

사랑을 위한
인간관계를 연습하라

■　　　　일과 가정의 통합을 위한 최고의 연습은 '사랑 연습'이다. 일과 가정을 통합하는 과정에서 우리가 궁극적으로 배우게 되는 것은 사랑이 아닐까 싶다. 상사와의 관계는 부모 자식 관계의 연속이라 생각하면 쉬워진다. 아무리 까다로운 상사라도 부모를 섬기는 마음으로 대하면 그것이 곧 상사에 대한 사랑 연습이 된다. 상사와의 관계가 성공적인가 실패한 느낌인가가 중요하다는 말이 아니다. '사랑의 마음으로 상사를 대하고 있는가?'를 자문해보자는 말이다. 또한 동료나 협력업체와의 관계는 부부 관계의 연속이다. 아내나 남편에게 하듯이 '동료에게 위로와 격려의 힘이 되는 연습을 하고 있는가?'를 자문해보자. 또한 후배와의 관계는 자녀와의 관계의 연속이라 할 수 있다. 회사에서 후배를 지도하라고 가르쳐준 핵심 원칙들은 가정에서 자녀를 지도하고 가르치는 곳에 동일하게 적용할 수 있다. 이 모두가 사랑의 연습이기 때문이다.

　나 또한 회사에서 배운 코칭 스킬을 아내뿐 아니라 아이들에게까지 여러 모로 응용하고 있다. 코칭 스킬의 핵심은 질문과 경청인데, 이를 가장 잘 연습할 수 있는 곳이 가정이다. 사실 질문과 경청은 쉽지 않다. 사랑의 마음으로 나를 다스리지 않으면 어느새 아내와 다투게 되고, 아이들을 내 멋대로 통제하게 된다. 사랑의 마음으로 상대를 대하고 있는지 수시로 확인하는 것이 우리네 인생의 평생 과제가 아닐까 싶다. 반대로 아내가 준비해준 홈메이드 쿠키 같은 것을 가끔 지인이나 동료와 나누기도 한다. 이렇듯 일과 가정, 일과 삶은 결국 사랑 안에서 통합된다. 사랑 연습이 반복되다 보면 어느새 일과 가정의 통합에 한 발 더 가까이 가 있게 될 것이다. 그렇게 사랑하는 사람들과 함께 길을 걷는 것이 삶의 궁극적인 지향점이 아니겠는가? 그래서 난 스스로에게 늘 묻는다. '나는 일과 가정의 통합을 제대로 이루어가고 있는가? 사랑으로.'

15장

소소한 행복

그냥 평범하게
사는 게 어때서

가장으로서 책임을
다하고픈 서 과장

■　　　　"10년 후 나의 모습은 어떨까 궁금합니다. 누구보
다 평범하게 살아왔고, 또 그렇게 살아갈 생각이지만 그때면 퇴직이
코앞인데 사실 걱정입니다. 아니 그전에 잘릴지도 모를 일이죠"라며
40대 초반의 서 과장이 이야기를 시작했다. 그러면서 신입사원 시절
자신이 세운 세 가지 목표에 대해 말했다. 탁월한 영어 실력, 재무 지
식, 그리고 경영대학원. 그리고 이렇게 말을 이어갔다. "나는 마케팅
전문가가 되고 싶었습니다. 그리고 해외 장기 파견근무도 해보고 싶
었고요. 가족 모두가 나갈 형편이 되지 않으면 한 가정을 책임지는

가장의 책임을 다하기 위해 혼자서라도 가겠다는 생각이었습니다." 대리 시절까지만 하더라도 나름 글로벌 모바일 마케터라는 목표를 정하고 달려왔지만, 15년여가 지난 지금은 그냥 평범한 직장인과 평범한 시민으로 사는 것에 흡족해한다고 했다.

글로벌 모바일 마케터가 되기 위해 서 과장은 회사에서 보내주는 해외 MBA를 준비하기도 했었다. 하지만 몇 번이나 낙방하고 나서는 '아무나 가는 게 아니구나'라는 생각에 마음을 접었다. 그렇다고 포기할 수는 없었다. 인맥 형성이나 문화적 적응을 위해 해외 MBA가 유리하다는 생각도 들었지만, 우리나라 글로벌 MBA도 IT 사례를 배우기 위해 다른 개도국 사람들이 많이 오기 때문에 큰 문제는 없다고 생각하고 국내 MBA를 다시 준비하기로 했다. 하지만 1년에 두세 명 보내주는 회사 지원 과정은 경쟁이 너무 치열했다. 더군다나 회사 사정이 어려워져 회사에서 보내주는 과정이나 인원이 점점 줄어들었다. 그렇다고 개인적인 비용을 내고 다니기에는 경제적으로 부담이 되었다. 결국 이마저 포기하고 말았다. 그 사이에 그는 결혼하여 두 아이의 아빠가 되고, 그렇게 15년여가 흘러갔다.

미래에 대한 생각도 많이 바뀌었다고 한다. 서 과장이 말을 이었다. "퇴직 후에는 글로벌 모바일 마케팅에 대해 강의를 해보고 싶었습니다. 잘나가는 강사는 아니어도 자식들에게 손 벌리지 않고 먹고 살 수 있는 정도로, 그리고 내가 잘하는 일을 하면서 돈을 벌고 싶다는 마음이 있었습니다." 그는 현실을 인정한다는 듯 담담히 말을 이어갔다. "하지만 지금은 글로벌 모바일 마케팅뿐만 아니라 마케팅의

'마'자가 들어가는 어떤 계획도 없습니다. 날고 기는 사람이 너무 많더군요. 그래서 요즘은 평범한 시민으로 사는 것도 괜찮다는 생각이 듭니다." 내가 물었다. "평범한 시민으로 산다는 것은 어떻게 산다는 거지요?" 그는 아직 생각이 정리되지 않았는지 쉽게 대답하지 못했다. 잠시 뒤 그가 말을 이었다. "저는 가르치는 것을 좋아하니 퇴직 후에 초등학생들을 대상으로 공부방이나 하나 차릴 수 있다면 그것도 괜찮은 삶 아닐까요?"라며 그는 자신의 생각을 정리했다. 나는 "그 정도면 괜찮죠!"라며 힘 있게 대답해주었다.

퇴직 이야기를 하면서 자연스럽게 서 과장은 자신의 삶 이야기를 꺼냈다. 그는 서른다섯에 결혼을 했다고 했다. 한 가정의 가장이 되는 사람이 경제적인 책임감을 가지고 있어야 한다는 생각에서 준비하는 데 시간이 좀 더 걸렸다고 했다. 아내가 돈을 벌기 때문에 다소 부담이 없긴 하지만 그래도 자신에게 주어진 가장의, 샐러리맨으로서의 책임은 다하고 싶다고 했다. 그는 아내를 커리어우먼이라고 했다. 아내는 중소기업에서 회계와 경리로 나름 인정을 받고 있단다. 하지만 여성이기에 유리천장의 한계를 느끼고 있다고 했다. 그래서 지금은 그저 그 회사에서 오랫동안 다닐 수만 있다면 그것으로 족한 삶이라고 했다. 샐러리맨과 커리어우먼의 두 평범한 시민이 대한민국에서 얼마나 열심히 살고 있는지 나도 누구보다 잘 알고 있다며 그를 격려해주었다.

평범한 시민,
행복을 위한 선택

■　　　　　　　직장인들은 대개 두 가지 목표 중 하나를 가지고 산다. 첫 번째는 임원이 되는 것이다. 사회적으로 성공한 사람, 억대 연봉을 받는 사람, 회사에서 인정받은 사람이라는 뉘앙스로 사용되는 임원의 길은 대다수의 신입사원이 꿈꾸는 길이다. 동시에 연차가 쌓일수록 많은 사람들이 포기하면서 종국에는 1퍼센트 혹은 0.1퍼센트의 직장인들만이 갈 수 있는 길이다. 누구나 한 번쯤 가보고 싶은 길이기는 하지만, 너무나 치열한 경쟁을 뚫고 가야 하기에 어려움도 많다.

다음은 전문가의 길이다. 미래의 먹거리를 찾는 연구 전문가가 대표적이긴 하지만, 요즘은 생산이나 무역 혹은 영업 등의 특정 기술을 폭넓게 인정해주는 전문가도 많이 늘어나고 있다. '누가 전문가인가?'라는 질문에 정확히 답하기는 쉽지 않다. 그럼에도 불구하고 나는 이렇게 정의를 내리곤 한다. "전문가란 자기가 하는 일을 통해 회사가 아닌 시장에서 인정받는 사람이다." 시장에서의 인정 중 하나는 연봉이다. 임원이 최소한 억대 연봉을 받으니 전문가도 시장에서 억대 연봉을 올릴 수 있는 사람일 것이다. 하지만 연봉이라는 기준 하나만으로 전문가를 말하기에는 너무 좁은 정의일 수 있다. 어쨌든 전문가는 자신만의 분야에서 시장의 인정을 받는 사람이다.

그런데 가만 생각해보면 우리 주변에는 임원이나 전문가는 별로 없다. 오히려 나머지 부류가 대부분이다. 그럼 이 많은 사람들은 다 실패한 삶을 산 것일까? 아니다. 임원이나 전문가의 길이 성공을 향한 여정의 선택이라면 제3의 대안인 시민의 길은 행복을 향한 선택이라고 볼 수 있다. 임원의 길을 걷는 사람들은 1주일 내내 회사 사람들과 함께 살다시피 한다. 전문가의 삶을 추구하는 사람들은 매일매일이 온통 자기계발뿐이다. 반면 시민의 길을 걷는 사람들은 자기에게 맡겨진 일을 할 뿐이다. 그리고 거기에 자신만의 가치를 덧붙인다. 어떤 이는 자녀 교육으로, 어떤 이는 봉사활동으로, 어떤 이는 취미로 자신이 생각하는 최고의 가치로 행복과 위안을 얻기도 한다. 그렇게 생각하면 우리나라에는 크게 두 부류의 시민이 있다. 샐러리맨과 커리어우먼이다.

샐러리맨이 사회를 지탱한다

■ 　샐러리맨의 샐러리(salary)는 인류 최초의 봉급쟁이인 로마 군인들에게 급료로 준 소금(salt)과 어원을 같이한다. 그래서 '봉급이나 급여를 받는 사람'을 의미한다. 이런 의미에서 그들은 기본적으로 돈을 벌기 위해, 다시 말해 생계유지를 위해 일을 한다. 혹자는 이를 하찮은 것으로 보기도 하지만, 결코 바람직한 시각은 아니다. 현실은 냉혹하다. 일을 하지 않으면 먹고살 수가 없다. 그리고 그런 일을 추구하는 사람들이 있기에 회사도 사회도 움직이는 것이다.

그러니 돈을 벌기 위해 일을 하는 것은 부끄러운 것이 아니라 당당한 것이다. 특히 생계유지가 가족 부양으로까지 의미가 확장되면 책임감과 연계되어 좀 더 애잔해지는 느낌이 들고, 우리네 부모님도 그런 책임감으로 사셨을 것을 생각하면 경외감이 들기도 한다.

경제적인 부담으로 MBA를 포기하고 말았다는 서 과장의 이야기는 샐러리맨 한 사람이 생계유지를 위해 고군분투했음을 잘 보여준다. 책임감 있는 삶을 사는 것, 그것은 그리 녹록하지 않은 현실이다. 나도 가정주부와 세 아들을 둔 가정의 가장으로서 '책임을 다하고 싶다'는 서 과장의 말이 뼛속 깊이 이해되었다. 나는 진심을 담아 서 과장과 같은 많은 샐러리맨들에게 이렇게 말해주고 싶다. "당신이 일을 하기에 지금까지 가족이 먹고살 수 있었다"고. 나도 때로는 그런 위로의 말을 듣고 싶다. 아마도 서 과장의 아내나 나의 아내나 대한민국 모든 샐러리맨의 아내들은 이 땅의 샐러리맨들에게 같은 말을 해주고 싶어 하고 있지 않을까.

커리어우먼

■ 　　　　커리어우먼은 '전문적인 직업에 종사하는 여성'이라는 뜻으로 통용되는 말이다. 그러나 현실에서 빌딩을 청소하는 아주머니나 요구르트 아주머니를 보고 커리어우먼이라 부르는 사람은 없다. 이분들은 샐러리맨, 즉 생계유지를 위해 일을 하는 사람에 좀

더 가깝다고 할 수 있다. 반면 커리어우먼은 변호사나 교사 혹은 대기업 직장여성 등 소위 '전문직'에 종사하는 여성을 일컫는 말이다. 샐러리맨이 생계유지를 위해 일을 하며 외적인 보상에 민감하다면, 커리어우먼은 적성이나 흥미, 장래성이나 발전성, 혹은 보람이나 자아실현 등 내적인 보상을 추구하며 일을 하는 사람이라고 할 수 있다. 요컨대 '평생에 걸친 일의 경험'을 제대로 하기 위해 자신이 꿈꾸는 일에 지속적으로 도전하는 사람이라는 뜻에 좀 더 가깝다.

"가르치는 것을 좋아하니 공부방을 운영한다는 서 과장의 생각은 생계유지를 넘어, 내적인 즐거움을 반영한 대안이라고 할 수 있다. 만약 서 과장이 먹고살기 위해 자신의 흥미와 적성과 상관도 없는 음식점이나 편의점 등을 창업하고자 했다면, 이는 샐러리맨 즉 생계유지 관점이라고 할 수 있을 것이다. 반면 그는 가르치는 것에 대한 자신의 내적인 흥미와 적성을 기준으로 삼았다는 점에서 나는 그에게 좀 더 깊은 마음의 응원을 보낼 수 있었다. "생계유지도 중요하지만, 하고 싶은 일이나 잘하는 일에 도전해보겠다는 생각도 저는 중요하다고 생각합니다. 힘내십시오! 저도 마음 깊은 응원을 보내드리고 싶습니다." 이런 삶이 더 깊이 있는 것이라고 말하고 싶지는 않다. 생계유지를 위한 일도 필요하지만, 하고 싶은 일과 잘하는 일을 위해 길을 나서는 것도 필요하다는 뜻이다. 나이가 많다고 도전을 멈출 필요도 없다. 그럴 때 우리의 일과 삶은 더 충만해질 것이다.

60대에 다시 시작된
작가의 꿈

■   글을 곧잘 쓰던 여고 시절, 황안나의 꿈은 작가였
다. 그러나 박봉의 춘천역장인 아버지와 다섯 명의 동생을 둔 그녀에
게는 이룰 수 없는 머나먼 꿈에 불과했다. 아버지의 강권으로 초등학
교 교사가 되어 가족의 생계를 책임져야만 했다. "그동안 저는 정체
성 없이 엄마 노릇, 선생 노릇, 아내 노릇, 그리고 누나나 언니 노릇
만 해왔습니다." 설상가상으로 남편은 하는 사업마다 망했다. 아들이
대학을 졸업할 때까지 빚을 갚느라 '절대빈곤자'로 살았다. 채권자들
은 학교까지 찾아와 아이들이 보는 앞에서 해코지를 했다. "죽고만
싶었습니다. 더 이상 그 많은 '노릇'을 견딜 수가 없었습니다. 그렇게
평생을 평범한 시민으로 살았습니다. 그러다 이제는 나 자신을 위해
살고 싶다는 생각이 들었습니다."

나이가 들면서는 건강도 나빠졌다. 건강검진 결과 재검사 항목이
많이 나오자 걷기 운동을 시작했다. 우선 가까운 산에 가야겠다는 생
각에 새벽 4시 30분에 일어나 부평의 아파트에서 동암 약사사를 거
쳐 만월산 능선을 타고 집까지 두 시간 반 동안 산을 오르내렸다. 비
가 오나 눈이 오나 산을 올랐고, 3년이 지나자 체력에 자신감이 생겼
다. 우리나라의 이름 있는 산은 거의 빠짐없이 다녔다. 그녀는 우연
히 TV에서 본 청보리밭 황톳길을 걸어보고 싶다는 생각에 빠졌다.
그때 나이가 65세였다. 평범한 시민이자 도보여행가로서 인생 2막

은 그렇게 시작됐다. 해외여행가가 아니라 국내여행가, 그것도 도보여행가는 평범한 시민의 그녀의 삶에 딱 맞는 도전이었다.

해남 땅끝에서 임진각까지 23일 만에 국토를 종단하고, 강원도 고성 통일전망대에서 동해와 남해, 서해를 두루 거쳐 임진각까지 이르는 길을 118일 동안 걸었다. 그렇게 국토 일주를 두 차례 했고 남해안 섬 길도 여러 차례 걸었다. 지리산이나 한라산 등 웬만한 산은 다 올랐다. 그녀는 길 위에서 보낸 시간을 담아 『내 나이가 어때서』라는 책을 냈다. 그리고 그 책이 대형서점 에세이 코너에 쌓인 모습을 보고 감동했다. "『내 나이가 어때서』는 나이가 많아서 쓴 책이 아닙니다. 20대든, 30대든, 40대든 나이 탓을 하는 사람들에게 탁 차고 일어나라고 말하고 싶어 쓴 책입니다. 평범한 시민을 위한 책이지요." 책 덕분에 언론사 인터뷰도 했고, TV 프로그램 출연도 해봤다. 작가를 꿈꿨던 여고생은 먼 길을 돌아 마침내 꿈을 이룬 셈이다. '아침 다르고 저녁 다른' 노인의 몸이 됐지만 도보여행가이자 작가로, 방송인이자 강연자로 그 어느 때보다 바쁘고 행복한 삶을 살고 있다.

한 강연장에서 그녀는 이렇게 말했다. "우리는 살면서 무엇 '때문에' 많은 것을 하지 않는 것 같아요. 그 '때문에'가 발목을 잡는다면 그때 하려고 하는 일이 못 할 만한 이유가 충분한지 생각해보아야 합니다." 그래서 그녀는 '때문에'라는 말보다 '그럼에도 불구하고'라는 말을 더 좋아한다. "길은 인생과 똑같다고 생각합니다. 그러면서 가끔 길을 잃고 헤매기도 하지만 길은 어디에나 있기 마련입니다." 그러면서 자신의 작은 경험 하나를 이야기했다. "한번은 동해안 길을 걷고 있는데 길을 잘못 들어 당황했던 적이 있었습니다. 그러다 혼자 사시는 할머니를 만나 하룻밤 신세를 지게 되었습니다. 이튿날 할머니하고 바닷가에 나가 다시마와 미역을 말리는 일을 도와드렸고요."

걷기를 통해 그녀는 남편과도 새로운 연애에 빠졌다고 했다. "부부가 둘이 살지만 결국 누군가는 혼자 남게 됩니다. 그때에 대비해 홀로서기 연습을 하는 것이 좋다고 생각해요. 남편은 저 때문에 홀로서기를 마스터했습니다. 또 제가 집을 떠나보니 남편을 객관적으로 볼 수 있더라고요. 새삼 연애 시절 생각도 나고, 남편이 해주는 계란찜도 너무 맛있고, 서로 감동하며 제2의 신혼처럼 지내게 됐습니다. 내년에는 둘이 배낭 메고 도보여행을 떠날 예정입니다."

평범한 시민 도보여행가 황안나의 삶을 난 이렇게 정리해봤다. 그녀는 샐러리맨으로서 가족을 위한 삶을 살았다. 사실 이것만으로 그녀는 자신에게 맡겨진 소임을 다했다. 또한 그녀는 커리어우먼으로서 학생들을 가르치는 일에 최선을 다했다. 이 일만으로도 그녀는 칭찬과 존경을 받을 만하다. 하지만 그녀는 여기서 멈추지 않았다. 도보여행을 통해 새로운 도전에 나섰다. 나는 황안나의 이야기를 곱씹으며 뜬금없는 질문을 던졌다. '왜 우리는 여자 직장인을 커리어우먼이라고 부르고, 남자 직장인을 샐러리맨이라고 부르는 것일까?' 그러다가 '샐러리우먼이나 커리어맨은 어떤가?'라는 우문에 이르게 되었다. 그리고 현답에 이를 수 있었다. '어떤 모습이면 어때? 자신의 소명을 다하는 삶이면 되지.' 비록 아직 머릿속에 있는 답이지만 나 또한 그런 것들을 현실의 모습으로 만들어가고 싶다.

소명인으로서의 삶

■　　　　　生계유지로서의 일, 커리어로서의 일, 그다음은 소
명으로서의 일이다. 생계유지를 위한 샐러리맨은 물질적 보상에 주
요 관심을 두고, 일하는 시간이 좀 더 빨리 지나가기를 바라고, 주말
과 휴가를 학수고대한다. 커리어우먼은 직장 내에서의 지위, 권력,
명성을 극대화하려고 한다. 하고 싶은 일과 잘하는 일에 초점을 두고
성취감을 맛보려 한다. 두 관점의 공통점은 자기 자신을 위한 일이거
나 자기 가족을 위한 일이다.

하지만 소명인은 생계유지와 성취감이라는 개인적 관점을 넘어선
다. 삶의 목적과 의미 추구, 그리고 사회적 기여라는 새로운 관점으
로 사회 전반적인 관점에서 삶의 충만감을 추구한다. 물론 소명인도
돈을 벌기는 마찬가지다. 하지만 돈이 삶의 목적이나 의미의 중심에
있지는 않다. 돈은 보다 나은 세상을 만드는 데 사용할 뿐이다. 소명
인도 하고 싶은 일과 잘하는 일을 하려고 한다. 하지만 소명인은 그
동기가 더 좋은 지위, 권력, 명성을 위한 것이 아니다. 보다 나은 세
상, 즉 이웃과 사회를 위한 것이다. 나도 그렇게 소명인으로 살고 싶
어졌다.

서 과장의 말을 다시 한 번 되새겨보자. "가르치는 것을 좋아하니
공부방이나 하나 차린다"는 것은 개인적 관점이다. 여기에 생각을 조
금만 더 보태어 '맞벌이 부부라는 부모 입장에서 단 학생이라도 자기
주도적 공부를 할 수 있도록 돕는 공부방을 차린다'는 소명을 가지고

공부방을 운영한다면 어떤 일이 일어날까? 이것이 내가 서 과장에게 꼭 당부하고 싶은 말이었다. 단 한 사람에게라도 진짜 인정을 받는 사람이라면 그는 진짜 멋진 삶을 산 것이 아닐까?

/ 16장 /

꿈과 취미

그 옛날의 꿈이 못내 아쉬운
직장인들을 위하여

미술 관련 일을
해보고 싶다는 김 차장

■   왜소한 체구의 40대 초반 김 차장이 상담실을 찾
았다. 그녀는 옆 부서 후배인 30대 중반의 박 과장 이야기를 꺼냈다.
둘은 부서는 달라도 언니 동생하며 친하게 지내는 편이라고 했다. 대
기업에 다니는 남편과의 사이에 미취학 딸을 하나 두고 있는 박 과
장은 사업 부서에서 오랫동안 일을 해왔는데, 그녀가 맡아온 일은 회
사의 주력 사업이 아니라 신사업 분야라 다소 불안한 마음을 갖고
있다. 박 과장은 자신의 주 업무 영역인 신사업 분야를 전문적으로
행하고 있는 회사로 이직도 고려했지만, 지금은 포기한 상태. 이직이

자신의 꿈에 도움이 되지 않는다고 판단했기 때문이란다. 박 과장은 임원을 꿈꾸고 있다고 했다.

박 과장은 이렇게 말했다. "우리나라의 임원에는 두 종류가 있다고 생각해요. 신입사원으로 시작한 토종 임원과 경력직으로 들어온 경력 임원이지요. 그런데 우리나라 정서상 아무래도 토종으로 커가는 것이 임원이 될 확률이 더 높은 것 같아요." 지금까지 똑 부러지게 조직생활을 해온 박 과장다운 발상이었다. "10여 년의 경력을 살려 '여성 임원'이 아니라 남자들과 경쟁하여도 뒤지지 않는 성과를 내는 그냥 '임원'이 되고 싶다"는 박 과장의 말에 김 차장은 위압감이 들었다고 했다.

"친정 부모님이 주변에 같이 살면서 도와주시기 때문에 가사나 자녀 양육에 대한 부담도 그리 크지 않아요"라는 박 과장의 이야기를 듣고 있노라면 커리어우먼의 냄새가 더욱 나는 듯하다며 김 차장은 부러워했다. "남편도 외조를 잘해요. 남편은 커리어에 대한 욕심이 많은 사람은 아닙니다. 착해서 그냥 자기 나름의 라이프를 즐기는 스타일이지요." 친정 부모님과 남편의 지원 사격이 있으니 열심히 해서 임원에 도전하고 싶다는 박 과장과 자신은 너무 다른 삶을 살고 있다며 자기 이야기를 이어갔다.

40대 초반의 김 차장은 결혼하여 공무원 남편과 두 아들을 두고 있다. 그녀는 사업 부서와 지원 부서에서 기획과 관리 일을 번갈아 해왔다. 그녀는 대학에서 미술을 전공한 것은 아니지만 어릴 때부터 그림을 좋아했다고 한다. 가정 형편상 미술을 전공할 수는 없어 포기했다가 몇 년 전부터는 관련 책도 많이 보고 이러닝 수업도 들어왔다. 그리고 본격적으로 관심을 갖고 공부를 시작했다. 올해 미술사 전공으로 대학원에도 입학했다. "그림을 그리고 싶었지만 너무 무리라는 생각에 미술 관련 공부를 해보고 싶었습니다."

"사실 박 과장은 저와는 너무나 다른 삶을 살고 있어요. 여자가 회사 일을 하면서 아이까지 키우기는 쉬운 일이 아닙니다. 박 과장을 보면 부러울 것이 많지요. 하지만 저희 부부는 다 지방 출신이라 아이를 돌봐줄 어르신들도 계시지 않아 고생을 많이 했습니다. 이제 아이들이 커가니 하고 싶은 일을 해보고 싶다는 생각이 들더군요. 지금이 아니면 안 된다는 생각이랄까요? 그래서 질렀어요. 남편도 '말리지는 않을 테니 하고 싶으면 해보라'고 하더군요. 그래서 요즘은 오랫동안 꿈꾸어오던 일을 할 수 있을 것이라는 기대감에 그냥 하루하루가 행복합니다."

그녀는 대학원 전공을 살려 퇴직 후에 미술 관련 일을 해보고 싶다고 했다. 공무원인 남편의 연금과 자신의 퇴직금으로 적당히 생활을 꾸려가면서 미술 활동을 하고 싶다는 것이 그녀의 꿈이었다. "대학에서의 경영학, 회사에서의 다양한 업무 경험, 그리고 자기계발로서의 미술사 석사 등을 융합하는 것이 핵심일 것 같습니다. 미술 활동 중 어떤 모습이 그려지세요?"라고 내가 물었다. 그녀는 "작은 미술 전시회의 전시 기획 관리자, 차상위계층 아이들을 위한 창의 관련 강연자 혹은 글쟁이 등이 가능할 것 같아요"라며 지금 하고 있는 공부에 더욱 열을 올리겠다고 했다. "뭐든지 재미가 있어야 행복하잖아요. 요

즘 너무 행복합니다"라고 말하는 그녀의 얼굴엔 함박웃음이 그치지
않았다.

우리나라 직장인의
일과 삶의 만족도

■　　　　　　내 눈길을 끈 세 가지 설문조사가 있다. 먼저 글로
벌 컨설팅기업 타워스 왓슨이 한국, 중국, 일본, 미국 등 28개국 3만
1,900명의 직장인을 대상으로 설문조사해 발표한 '글로벌 인적 자원
보고서'에 따르면 우리나라 직장인 중 업무에 높은 몰입도를 보인다
고 답한 비율은 16퍼센트로, 아시아 국가 평균 33퍼센트의 절반에도
못 미쳤다. 반면 몰입도가 낮고 업무 여건도 열악하지만 마지못해 직
장에 다닌다고 답한 직장인은 46퍼센트에 달했다. 아시아 국가 중에
선 중국 직장인들의 53퍼센트가 업무에 몰입하고 있다고 대답해 1
위를 차지했고, 우리나라는 14퍼센트라고 답한 일본과 함께 꼴찌 수
준이었다. 업무 몰입도란 개인적인 업무 의지, 업무 여건의 지원, 개
인의 정서적·신체적 에너지의 세 요소가 충족된 상태를 의미하는
것이니, 우리나라 직장인의 46퍼센트는 업무에 제대로 몰입을 못 하
고 있는 셈이다.

　또 우리나라의 한 취업포털 사이트가 직장인 547명을 대상으로
일과 삶의 만족도에 대한 설문조사를 실시했다. 그 결과 '매우 만족

하지 못한다'가 11퍼센트, '대체로 만족스럽지 못하다'가 27퍼센트, '보통이다'가 35퍼센트, '대체로 만족한다'가 20퍼센트, '아주 만족한다'가 7퍼센트를 차지했다. 보통을 제외하면 매우 혹은 대체로 만족하지 못한다는 부정적 응답자가 38퍼센트, 대체로 혹은 아주 만족한다는 긍정적 응답자가 27퍼센트로 부정적인 응답자가 약 11퍼센트 더 많았다. 100점 만점으로 환산하면 50점에도 미치지 못하는 점수다. 우연의 일치이긴 하지만, 우리나라 직장인의 약 절반이 업무에도 몰입하지 못하고 삶에도 만족하지 못하고 있는 셈이다.

마지막으로 한국갤럽의 조사에 따르면, 우리나라 국민들은 취미가 삶의 활력소가 되고 삶의 만족도를 더해준다고 한다. 전 연령대를 통틀어 가장 좋아하는 취미는 등산이었다. 이어 독서, 음악감상, 운동, 영화관람이 2~5위를 차지했다. 6~10위는 축구, PC온라인게임, 산책, 여행, 낚시였다. 연령대별로 보면 감수성이 풍부한 10, 20대는 음악감상을 주된 취미로 꼽았다. 결혼생활을 시작하는 30대는 육체적인 건강을 찾는 운동과 마음의 안식을 찾는 독서가 주요 취미였다. 자녀들도 어느 정도 컸고 육아 부담에서 조금 벗어난 40대는 주로 건강을 위한 등산을 즐겼다. 50대가 되면 여전히 등산이 주요 취미지만 산책과 조깅도 이들이 선호하는 취미에 들었다.

위의 세 가지 설문조사를 정리하면 이런 이야기가 된다. 박 과장처럼 일에 온전히 몰입하는 직장인이 있는가 하면 김 차장처럼 일과 삶의 균형, 특히 일과 취미의 균형을 맞추려는 사람도 있다. 일이 인생의 많은 부분을 차지하는 것은 맞지만, 그렇다고 일이 인생의 전부는 아니다. 그러니 생활적인 요소, 특히 자기 좋아하는 활동인 취미는 삶의 큰 활력소가 된다.

서른이나 마흔이 넘어가면서 예전부터 하고 싶었던 것에 새로이 도전해보는 것은 인생의 새로운 낙이다. 또한 최근에는 취미를 직업으로 만들어가는 사람들이 많으니 김 차장의 생각이 비현실적인 것은 아니다. 직장인이었을 때는 취미를 취미로 즐기면 되지만, 퇴직 후에는 취미를 직업으로 가지는 것도 좋은 방법이다. 문제는 준비다. 어떻게 준비를 하면 좋을지 살펴보자.

취미 스타일을 확인하라

■　　　　　　　　대부분의 직장인은 업무에 치여 앞만 보고 달려가기 바쁘다 보니 하고 싶은 일이나 취미를 갖기가 쉽지 않다. 그렇기에 지금부터라도 TV 시청 등의 소극적인 여가활동에서 벗어나 적극적인 여가활동을 경험하려는 자세가 필요하다. 이런 취미 탐색을 위해서는 시·구청이나 대학교의 평생교육기관, 인터넷 동호회 혹은 지인들을 통해 관련 정보를 수집하고, 이것저것 닥치는 대로 시도해보는 것이 중요하다. 마치 어린 아이가 걸음마를 배울 때 실패해도 다시 일어나 걷는 것처럼 계속 도전하는 것이 중요하다. 그래도 좀 막연하다 싶다면 다음 세 가지 유형을 참고하여 자신의 취미 스타일을 확인해보자.

첫째는 건강관리형이다. 이들은 등산, 걷기, 자전거 타기 등 몸을 움직이길 좋아하는 사람들이다. 앞의 설문조사에서도 보았듯이 우리나라 사람들이 가장 선호하는 취미이기도 하고, 또한 나이가 들수록 이 유형을 선호하는 경향이 있다.

둘째, 자기완성형이다. 예전에 이루지 못한 꿈을 성취하고 이를 통해 남을 돕고자 하는 유형으로, 배움과 봉사를 통해 스스로 만족감을 찾아나가는 타입이다. 이들은 자격증, 외국어, 미술이나 음악 등의 취미를 갖게 되는 경우가 많다.

셋째, 취업연계형이다. 이들은 단순히 여가를 즐기는 취미가 아니라 자신의 능력을 발휘할 수 있는 생산적인 일을 갖길 원한다. 자신의 경력을 살리거나 사진, 집수리, 액세서리 공예, 손뜨개 등 자신만의 독특한 취미를 연마해 그 분야에서 전문가로 활동하려고 한다. 자신에게도 물어보자. 나는 어떤 유형에 가까운가?

취미에서 하고 싶은
일을 발견하라

■   미하이 칙센트미하이 교수는 사람의 일상을 생산, 유지, 여가활동으로 구분했다. 생산에는 일이나 공부, 유지에는 식사, 출퇴근, 가사, 그리고 여가활동에는 TV 시청이나 여행 등이 포함된다. 일과 같은 생산은 행복감은 낮지만, 몰입은 높다. 반면 식사 같은

유지는 행복감은 높은 반면, 몰입은 낮다. 재미있는 사실은 소극적인 여가활동이 아니라 능동적인 여가활동을 할 때 행복감과 몰입을 모두 높게 경험할 수 있다는 것이다. 쉽지는 않지만 그렇다고 아주 버겁지도 않은 능동적인 여가활동의 목표 수준을 뛰어넘고자 자신의 모든 능력을 쏟아 붓는 것이 행복감과 몰입의 핵심이다. 이 같은 능동적 여가활동의 핵심은 취미이고, 이는 자신이 하고 싶은 일과 깊게 연관되어 있다.

취미가 하고 싶은 일로 이어지기 위한 핵심은 자기목적성이다. 자기목적성이란 그 일을 경험하는 것 자체가 좋아서 그것이 목적이 되는 것을 의미한다. 사실 모든 일에 자기목적성을 가지고 임하는 사람은 없다. 어떤 사람은 의무감에, 어떤 사람은 경제적 필요에 의해 일을 할 수 있다. 하지만 자기목적성이 있는 일은 그 자체가 보상이 되기 때문에 재미있고 즐겁다. 그러므로 '나는 어떤 일을 할 때 재미있고 즐거운가?'라는 질문에서 작은 힌트 하나를 발견하고, 그 힌트를 계속 발전시켜나가라. 하고 싶은 일은 어느 날 갑자기 '짠' 하고 나타나는 것이 아니라 하루하루 스스로 만들어가는 것이기 때문이다. 그 질문에 매일의 답을 만들어가는 것, 이것이 우리네 일과 삶이 아닐까 싶다.

하고 싶은 일을
직업으로 바꾸는 요령

■　　　　　　　하고 싶은 일을 취미로 두고 즐기는 경우도 많지만, 김 차장처럼 어느 시점이 되면 여러 상황으로 인해 직업으로 만들고 싶은 마음이 생기기도 한다. 그러면 우리는 어떻게 하고 싶은 일을 직업으로 바꿀 수 있을까?

가장 흔한 형태 중 하나는 물건을 판매하고 수리하는 것이다. 대부분의 취미 생활에는 관련된 '물건'이 있다. 예를 들어, 열렬한 와인 팬이면 와인 관련 소규모 점포를 낼 수 있다. 외국의 와인을 수입하고, 해외에서 봤던 특이한 와인 잔을 진열하고, 해외에서 사온 재미있는 와인 관련 티셔츠들을 판매할 수도 있다. 취미 생활을 하는 사람들은 관련된 물건에 돈을 아끼지 않는 경향이 있기 때문에 판매로 수입을 올리기도 좋다. 한 단계 나아가면 수리를 직업으로 만들 수도 있다. 요즘 인기를 끌고 있는 자전거를 취미로 해왔다면, 조금만 더 노력을 기울여 판매와 함께 수리도 할 수 있다. 혹은 캠핑 관련 판매상을 하면서 특이한 아이템이나 부속품을 구해주는 일도 가능하다. 이런 작은 고장들을 수리해줄 수도 있다면 금상첨화다.

두 번째 방법은 취미로 익힌 것을 다른 사람들에게 가르치는 것이다. 피아노, 요리, 외국어, 음악, 미술 등이 이런 경우다. 내 지인 중에는 전문적으로 과외를 하는 분이 있다. 그녀는 수학을 전공하지 않았지만, 쉰이 넘은 지금도 꽤 많은 학생들에게 수학을 가르치고 있다.

유료로 가르치기도 하지만, 고아원 등에서 정기적으로 시간을 내어 수학뿐만 아니라 다른 공부도 가르쳐주기도 한다. 재미있기 때문이란다. 그녀는 자녀들을 키우면서 직접 수학을 가르쳐주었는데, 그게 노하우가 되어 이제는 그녀의 직업이 되었다.

판매든 수리든 가르치는 일이든 하고 싶은 일을 직업으로 바꾸는 데는 용기와 시간이 필요하다. 그러나 별로 어렵게 생각할 것은 없다. 바로 지금부터 실행하면 용기도 시간도 생기는 법이다. 마음속에만 묻어두었던 것을 꺼내어 오늘 다시 시작해봄은 어떨까? 한 가지 분명한 사실은 오늘보다 나은 내일은 실행이 만든다는 것이다. 응원이 너무 좋아 아예 직업으로 만든 사람들의 이야기를 들어보자.

응원단을 직업으로 만든
가무사랴 응원단

■   일본에 가무사랴 응원단이 있다. 가무사랴는 앞뒤 가리지 않고 최선을 다해 돌진한다는 뜻이다. 일곱 명으로 구성된 응원단은 이들의 직업이다. 그들은 스포츠 대회, 결혼식, 학교 졸업식, 기업 단합대회나 신상품 발표회 등에서 응원을 하기도 하고 강연에 나서기도 한다. 국내뿐 아니라 프랑스, 독일, 뉴질랜드 등 장소를 가리지 않고 연간 100회 이상 응원을 하고 있다. 이들은 단지 직업이어서 최선을 다하는 것이 아니다. 최선을 다하면서 그 일을 자신들의

직업으로 만들어가고 있다. 이들의 일화 하나를 살펴보자.

아들의 결혼식에서 응원을 해달라는 의뢰가 들어왔다. 의뢰인을 만났다. "다카야마입니다. 아들과 몇 년 전까지 함께 일을 했었습니다" 그는 자존심이 센 실력 있는 목수였다. 그는 목수 일을 배우고 싶다는 아들에게 기초부터 세밀하게 가르쳐주는 것이 아니라 "스스로 배워라"며 엄하게 가르쳤다. 아들은 실수를 거듭했고, 그는 그때마다 냉정하게 꾸짖었다. 아들은 '아무리 열심히 해도 늘 야단만 맞아' '아버지는 왜 아무것도 가르쳐주지 않는 걸까' 하는 불만만 쌓여갔다. 어느 순간, 여느 때처럼 실수를 반복하는 아들에게 그는 "차라리 그만둬!"라고 고함을 질렀다. 평소보다 심한 말다툼이 벌어지고, 아들은 지금까지의 불만이 폭발하여 "알았습니다. 저도 더 이상 못 참겠습니다!" 하고 집을 나가버렸다.

그렇게 시간이 흘러 아들로부터 오랜만에 연락이 왔다. 결혼을 한다는 것이었다. 다카야마 씨는 "네 마음대로 해라" 하면서 결혼을 인정했다고 했다. 며칠 후 응원단은 아들 고헤이 씨와 예비신부 미사토 씨도 만났다. "아버지는 마음대로 하라며 결혼식에 참석한다고는 했지만 진심으로 인정하지 않으신 것 같아요. 무리도 아니지요. 저는 아버지의 기대에 부응하기는커녕 도망친 아들이니까요" 후회와 갈등이 교차하는 아들의 표정은 아버지와의 역사를 미묘하게 말해주고 있었다. 아들은 아직 자신이 용서받지 못했다고 생각하고 있었다. 오랜 세월에 걸쳐 마음에 깊은 상처를 안고 살아왔다고 했다. 그 상처는 아버지의 "마음대로 해라"는 말 한마디만으로는 메워질 수 없는 것들이었다.

아버지와 아들 고헤이 씨와의 상담을 끝내고 돌아온 응원단은 결혼식 응원 전략 회의를 열었다. 아버지 다카야마 씨와 응원을 함께하는 것이 최선이라는 결론을 얻었다. 다음 날 응원단은 다카야마 씨를 찾아가 말했다. "이 응원은 다카야마 씨밖에 할 수 없습니다. 우리와 함께 직접 응원을 하면 어떨까요?" 긴 침묵이 이어졌다. 시간이 얼마나 흘렀을까? 다카야마 씨가 조용히 입을 열었다. "음, 잘 알겠습니다. 잘 지도해주십시오" 그날부터 다카야마 씨를 응원단의 일원으로 만드는 기초 작업이 시작되었다. 여기에만 일주일 이상이 걸렸다. 그리고 딸의 도움으로 서로 동영상을 주고받으면서 다카야마 씨는 한 달 동안의 피나는 노력 끝에 응원을 완성할 수 있었다.

드디어 결혼식 당일, 사회자의 소개로 응원단이 기세 좋게 달려 나갔다. 그리고 응원단장이 큰 소리로 외쳤다. "오늘의 신랑 신부를 꼭 응원하고 싶다는 특별 게스트 한 분을 모셨습니다. 신랑의 아버지, 다카야마 도시오 씨입니다!" 응원복 차림의 다카야마 씨가 등장하자 신랑과 신부는 너무 놀란 나머지 완전히 굳어버리고 말았다. 반면 하객들은 기대가 된다는 듯 몸을 반쯤 일으킨 채 그를 주시했다. 열띤 응원을 보내고 나서 다카야마 씨가 입을 열었다. "아들아, 미사토를 평생 지켜주겠다고 결심한 네가 자랑스럽다. 앞으로 살아가면서 힘들고 어려운 일도 많을 테지만, 내가 너희들의 가장 든든한 응원단이라는 사실을 잊지 말아라! 축하한다!" 아들에게 진심을 전하기 위해 목이 터져라 응원을 했던 다카야마 씨가 큰 소리로 이렇게 외쳤다.

"그리고 언젠가 꼭 집으로 돌아오기 바란다. 다시 한 번 너와 함께 일하고 싶다!" 순간, 결혼식장에 정적이 감돌았다. 두 남자의 눈에서 눈물이 흘러내리고 있었다.

/ 17장 /

여가생활

휴가, 나를 바꾸고
앞날을 바꾸는 여행의 시작

가족들과 여행을
가고 싶다는 이 차장

■　　　　40대 후반의 이 차장이 코칭을 신청해왔다. 그녀는 총무, 사업 계획, 예산, 인력 육성 등의 업무로 20여 년을 근무해온 베테랑이다. 계속해서 스태프 업무를 하며 그렇게 편안하게도 살고 싶었지만 그녀는 스스로 B2C 영업 부서를 선택했다. B2B 영업이 아니라 영업 중에서도 가장 힘들다는 B2C를 택한 이유는 회사에서 밀린다는 생각이 들어서였다고 했다. 그래서 뭔가를 다시 보여주고 싶었다는 것이다.

영업팀장과 첫 면담을 하는 자리에서 그녀는 이렇게 말했다. "저는 개인 매출 30억 이상을 달성하는 영업의 달인이 되고 싶습니다. 많이 도와주십시오" 영업팀장은 허허 웃으며 그녀의 야무진 목표가 마음에 든다고 했다. 이 차장은 영업부서에 와서 일을 잘해보고 싶은 마음도 있지만, 솔직히 말해서 이제는 일을 좀 내려놔야 할 때가 되지 않았나 하는 생각도 든다고 했다. 그녀는 이 두 가지 생각을 어떻게 정리해야 할지 코칭받고 싶어 했다.

또 퇴직할 나이가 점점 가까워지고 있으니 퇴직 후 무엇을 할 것인지에 대한 고민도 함께했으면 좋겠다고 했다. 나는 몇 가지 중요한 질문을 던졌고, 그녀의 이야기를 들으며 이런 저런 이야기를 나누었다. 그녀가 그리는 퇴직은 할 일이 있어 나가는 당당한 모습이었다. 할 일도 없이 초라하게 떠나는 모습이 아니었으면 좋겠다고 했다. 상무가 될 가능성은 희박하지만 그래도 목표는 높이 잡고 싶다며 상무로 퇴직하고 싶다는 마음도 전했다. 하지만 이는 막연한 목표에 지나지 않음을 그녀 자신도 잘 알고 있다.

"이제는 좀 쉬고 싶은 마음도 굴뚝같습니다"라며 이 차장은 말을 이어갔다. 그녀에게는 두 딸이 있는데, 각각 고등학교 2학년과 중학교 3학년이다. 두 딸 모두 이미 다 커서 엄마 손을 많이 벗어났다. 초등학교 고학년과 중학교 때 잠시 방황했지만 이제는 두 딸 모두 마음을 다잡고 자기 목표를 향해 차근차근 나아가고 있다고, 이젠 별로 걱정이 없다고 했다. 하지만 일중독까지는 아니어도 왠지 일을 제대로 하지 않으면 마음이 불편하다고 했다.

몇 시에 퇴근하는지 물었다. "주중에는 보통 10시에 퇴근해요. 집에 가면 11시입니다. 그러니 집에 가서는 아무것도 못 해요. 그냥 씻고 자요. 그리고 다음 날 아침 다섯 시 반에는 일어나 아이들 아침밥 준비해놓고 집에서 일곱 시에는 나옵니다." 주말에는 어떻게 하는지 물었다. "주말에도 토요일에는 거의 출근합니다. 일요일에는 급한 일이 있으면 출근하고, 그렇지 않으면 대개는 쉬고요." 주말에는 사무실 사람들 중 몇 명이나 출근하는지 묻자 그녀는 10퍼센트도 채 되지 않는다고 했다. 대부분은 출근하지 않는다고. 그런데 왜 자기는 출근하는지 물었더니 남의 눈, 특히 상사의 눈치를 보는 것 같다고 했다. "회사에서도 잘하고 싶고 집에서도 잘하고 싶은 마음입니다"라는 그녀의 말에서 뭐든지 잘해야 한다는 부담감이 느껴졌다.

나는 그녀의 형제 관계는 어떻게 되는지 물었다. 그녀는 3남 2녀 중 장녀라 했다. 지방의 작은 도시에서 살았는데, 그녀의 부모님은 작은 음식점을 운영했다. 그녀는 초등학교 고학년 때부터는 동생들을 돌보며 집안일도 거드는 장녀 역할을 해왔다. 가끔은 가게에 가서 엄마를 돕기도 했다. 그동안 장녀로서 힘들게 살아왔을 그날들이 머릿속에 그려졌다. "많이 힘들었겠어요"라고 하니 그녀가 눈물을 글썽였다. 그러고는 마음을 다잡듯 금세 티슈로 눈물을 닦아냈다. "맞아요. 최근에는 내 모습을 감추고 싶지 않다는 생각이 많이 들더라고요. 솔직하게 그냥 내 마음을 보여주자는 생각을 많이 합니다. 아마 일을 좀 내려놓고 싶다는 생각도 이런 마음이 아닌가 싶네요."

그렇다고 그녀가 회사를 그만둘 상황은 아니다. 남편도 직장생활을 하지만 경제적으로 빠듯해 그녀도 계속해서 회사를 다녀야 하는 상황이다. 게다가 그녀는 심리적으로 그냥 대충 넘어가는 스타일이 아니라서 일에서도 가정에서도 최선을 다해야 했다. 하지만 이제는 더 이상 주말에도 일을 나가 상사의 눈치를 보는 그런 삶은 살고 싶지 않다고. 일도 중요하지만 가족도 중요하고, 이제까지 한 번도 제대로 누리지 못한 쉼도 중요하다는 사실을 알 것 같다고. 큰 딸이 고3이 되기 전에 올해는 꼭 가족들과 첫 해외여행에 도전해보겠다는 계획을 가지고 그녀는 상담실 문을 나섰다.

직장인의 여가생활은
어떤 모습일까

■　　　　직장인 네 명 중 한 명은 본인 스스로가 일 중독자라고 생각하는 것으로 조사됐다. 한 취업 포털이 직장인 1,023명을 대상으로 '일 중독 여부'에 대해 조사한 결과, 24.6퍼센트가 '나는 일 중독'이라고 답했다. 스스로 일 중독이라고 생각될 때를 묻는 질문에는 '퇴근 후에도 업무를 걱정할 때(67.9퍼센트, 복수응답)'가 가장 많았다. 뒤를 이어 '당연하게 야근할 때(56.7퍼센트)' '휴일에도 업무를 할 때(51.6퍼센트)', '아파도 참고 출근할 때(44.4퍼센트)', '일 때문에 휴가를 포기할 때(33.7퍼센트)' 등이 뒤를 이었다. 일 중독이 된 주요 원인에 대해서는 절반이 넘는 51.2퍼센트가 '업무가 많은 환경 등으로 어쩔 수 없어서'를 선택했다. 다음은 '업무에 대한 책임감이 강해서(34.1퍼센

트)' '업무 성과가 자존감을 채워줘서(9.1퍼센트)' 순이었다.

직장인 1,084명을 대상으로 한 또 다른 설문조사 결과, 연차를 절반도 쓰지 못하는 응답자가 64.3퍼센트에 이르는 것으로 나타났다. 연차를 쓰는 전체 분포로 보면 '100퍼센트를 다 쓴다'는 비율은 11퍼센트에 불과했다. 또 '10퍼센트 미만'을 사용한다는 비율은 42.3퍼센트, '10~50퍼센트 미만'은 22.0퍼센트, '50~90퍼센트 미만'은 19.1퍼센트, '90~100퍼센트 미만'은 5.7퍼센트 순이었다. 눈에 띄는 것은 연차를 냈어도 '일을 하거나 급하게 출근한 적이 있다'는 비율이 전체의 41.7퍼센트에 달했다. 이밖에 직장인들이 연차로 쉴 때 특별한 계획을 가지고 있는 비율도 낮은 것으로 나타났다. 연차 때 하는 일 1위는 '집안일, 은행 업무 등 밀린 볼일'이라는 응답이 32퍼센트로 가장 많았고 'TV보거나 잔다'는 응답도 29.2퍼센트의 근소한 차이로 2위를 차지해, 적절한 여가거리를 찾지 못하는 직장인들의 현실을 보여줬다.

알고 있는 바와 같이, 우리나라 직장인들은 일하는 시간으로 따지면 세계 최고다. 앞의 설문조사는 업무 강도가 거의 일중독에 가깝다는 말이고, 뒤의 설문조사는 휴가도 제대로 가지 못하면서 일을 하고 있다는 말이다. 이 차장의 표현대로라면 일도 잘하고 싶고 삶도 즐기고 싶은데 늘 일이 이기는 곳이 대한민국이다. 이제는 뭔가 변화가 필요하지 않을까 생각한 이 차장을 응원해주고 싶었다. 나는 일과 삶의 균형, 특히 일과 쉼의 균형을 어떻게 맞추어야 할지 고민하는 직장인들과 여행에서 즐길 세 가지 감탄사를 함께 나누고 싶다.

자연 앞에서 '우와'를 외쳐라

■　　　　휴식을 한자로 풀어보면 이런 뜻이다. '휴(休)'는 사람[人]이 나무[木]에 기대어 앉아 있는 모양이고 '식(息)'은 자신[自]의 마음[心]을 돌아보는 것이다. 그러니까 휴식이란 일하는 햇빛을 떠나, 나무의 그늘로 가는 것이다. 이를 심리적으로 해석하면 일하는 환경을 떠나 자기 자신의 마음을 보살피는 것이다. 결국 휴식이란 공간적으로도 심리적으로도 일터를 떠난다는 의미다. 그래서 휴가는 역시 떠나는 맛이 최고다. 특히 이국적인 냄새가 물씬 풍기는 곳으로 여행을 떠나는 것이 휴식의 전형적인 이미지가 아닌가 싶다. 또 휴가라는 단어를 살펴봐도 마찬가지다. 휴가의 '가(暇)'는 빌린[暇] 날[日]이란 뜻이다. 다시 말해 근무해야 할 날이지만 사정상 일하지 않고 틈을 낸다는 의미가 숨어 있다.

일을 뒤로 하고 떠나는 여행은 감탄의 연속이다. 엄마 품처럼 그저 말없이 자신을 포근히 안아주는 자연의 경관 앞에서 우리는 '우와'를 외치며 그동안 쌓였던 스트레스를 단숨에 날려버린다. 자연 앞에 서기만 하면 우리의 존재는 한없이 작아지고 그 존재 안의 문제들은 너무나 초라해진다. 그래서 스트레스가 많았던 사람일수록 '우와' 소리가 커지게 마련이다. 위대한 자연 앞에서 이런 감탄사가 절로 나온다면 이제는 소소한 자연과 사람 이야기 앞에서도 이렇게 외쳐보자. 햇빛을 떠나 나무 그늘에 앉아 아이와 놀고 있다는 사실만으로 혹은 아내와 이야기꽃을 피우고 있다는 사실만으로 '우와'라는 감탄사를 외칠 수 있다면 그것이 진짜 휴식이 아닐까? 시계를 보지 않고도 배가 고프면 밥을 먹고, 어두컴컴해지면 숙소로 들어와 다시 이야기꽃을 피우는 것, 이게 진정한 휴식의 묘미가 아닐까 싶다.

사람을 만나면 '이크' 하며
자신을 살펴라

■　　　　　여행을 떠날 때는 그동안 읽고 싶었던 한두 권의 책을 들고 가는 것도 좋다. 여행지에서는 대개 머리가 맑아져 있기 때문에 책 읽기에 더욱 효과적이다. 공항에서든 터미널에서든, 혹은 잠잘 시간이 아까워 아침에 일찍 눈을 떴든 그럴 때마다 준비해 간 책을 꺼내보자. 하지만 사람이 있는 곳에서는 금물이다. 책은 혼자 있을 때의 친구다. 여행지에서 만나는 사람은 책에서 만나는 사람과는 또 다른 만남을 제공한다. 책이든 여행지에서 만나는 사람이든 우리는 새로운 만남을 통해 자신을 살피게 된다.

이런 독서와 만남은 그대로 하여금 '이크'라는 생각을 하게 한다. 여행지에서의 큰 외침인 '우와'가 진정한 외침이 되기 위해서는 내면에서의 작은 외침인 '이크'와 적절한 조화를 이루어야 한다. 그래서 자기 자신이 한없이 작아 보일 때 우리는 새로운 나를 통해 새로운 자연을 맛볼 수 있고, 반대로 새로운 자연을 보며 한없이 작은 나를 살피게 되는 것이다. 책을 보며 혹은 새로운 사람과 만나 대화를 나누며 "이크, 이걸 몰랐네." 혹은 "이크, 이런 방법이 있었네." 같이 이전과는 완전히 새로운 생각을 떠올려보자. 이것이 여행, 휴식, 휴가의 진짜 의미가 아닐까 싶다. 이 사실을 잘 보여주는 아름다운 이야기가 있다.

아르헨티나 여행,
탐스의 시작

■　　　　　블레이크 마이코스키라는 스물아홉 살 미국인 청년은 2006년 아르헨티나로 여행을 떠났다. 그는 그곳 카페에서 한 미국인 여성을 만났다. 그녀는 신발을 나눠주는 봉사활동을 하고 있었다. 그녀에 따르면 아르헨티나에도 신발을 못 신는 아이들이 많았다. 그는 아르헨티나의 이 마을에서 저 마을로 구석구석 여행을 다니면서 맨발로 다니는 아이들이 어떤 고통을 겪는지 두 눈으로 똑똑히 보았다. 아이들의 발에는 물집이 잡히고 상처가 나며, 그 상처를 통해 감염이 되었다.

이 모두가 신발이 없어서 생긴 결과라는 생각에 마음이 아팠다. 그는 아이들을 위해 뭔가를 하고 싶었다. 하지만 기부만으로는 부족하다는 생각이 들었다. 꾸준하고 믿을 만한 공급책이 있어야 한다는 생각이 강하게 들었다. "어떻게 하면 좋을까?"라는 질문이 머리를 떠나지 않았다. 그러다 아이들의 맨발을 보며 기부와 사업을 연결하는 해결책이 떠올랐다. '한 켤레를 팔 때마다 신발이 없는 아이들에게 신발을 한 켤레씩 주면 되겠네!'라는 생각과 함께 머릿속에 새로운 회사 이름도 떠올랐다. 탐스(TOMS). '더 나은 내일을 위한 신발(Shoes for a Better Tomorrow)'이라는 키워드를 머릿속으로 이리저리 굴리다가 이것이 '내일의 신발(Tomorrow's Shoes)'이 되었고, 간단한 네 글자짜리 이니셜이 탄생했다. 그게 탐스다.

그는 바로 실행에 돌입했다. 현지인 제화공들과의 작업으로 아르헨티나 전통 신발인 알파르가타를 개조하여 250켤레의 탐스를 만들었다. 그리고 세 개의 더플백에 나누어 넣어 자신이 사는 로스앤젤레스로 가져갔다. 그는 친한 친구들을 불러 모아 함께 저녁을 먹으며 자신의 이야기를 들려주었다. 아르헨티나로의 여행, 신발 기부 단체, 그리고 탐스에 대한 아이디어와 제조 과정까지. 그리고 자신이 만든 탐스를 꺼내 보여주며 이런저런 질문들을 퍼부었다. "이 신발 마음에 들어? 이 신발의 타깃으로 삼아야 할 소비층은 누구일까? 어디에서 팔아야 잘 팔릴까? 가격은 얼마로 해야 할까?" 친구들은 그의 이야기를 좋아했고, 신발을 팔아줄 만한 가게들의 목록도 몇 개 적어주었다. 물론 친구들은 탐스를 한 켤레씩 사서 돌아갔다.

이튿날 그는 더플백 하나를 메고 시내에 있는 신발 가게 아메리칸 래그로 갔다. 친구들이 적어준 목록에서 상위권에 속한 가게였다. 그곳의 사장은 처음부터 탐스가 단순히 신발 이상이라는 것을 알아봤다. 사장은 신발만큼이나 탐스 이야기를 마음에 들어했으며, 두 가지 모두 잘 팔리라는 것을 직감적으로 알아차렸다. 그렇게 탐스의 첫 번째 소매상 고객이 생겼다. 행운도 따랐다.《로스앤젤레스 타임스》의 패션 담당 기자가 인터뷰를 하자고 했다. 기사가 나간 그날만 하루 총 2,200개의 주문이 들어왔다. 덕분에 로스앤젤레스의 트렌디한 가게들뿐 아니라 노드스트롬, 홀푸즈마켓, 어번 아웃피터스처럼 전국 유통망을 가진 대형 매장에서도 연락이 왔다.

그렇게 그해 여름에만 총 1만 켤레의 신발이 팔렸다. 애초에 그는 1만 켤레를 목표로 잡아 그 목표를 달성하면 약속대로 아르헨티나에 가서 아이들에게 신발을 나눠주기로 결심했다. 그는 가족들과 인턴으로 일하고 있는 1인 직원 조녀선, 그리고 탐스에 대한 입소문을 내며 응원해준 몇몇 좋은 친구들을 함께 데려갔다. 그리고 열흘간 아르헨티나를 돌았다. 그는 자신과의 약속대로 병원, 학교, 무료 배급소, 커뮤니티 센터에서 아이들의 발에 1만 켤레의 신발을 신겨주었다.

'Shoe Drop'이라는 첫 번째 기부 여행에서 돌아왔을 때 그는 완전히 딴사람이 되어 있었다. 이 일로 생계를 유지할 수 있었으며, 사랑하는 사람들이나 장소와 더 가까워질 수 있었고, 도움이 필요한 이들에게 기부도 할 수 있었다. 사람, 사업가, 자선가로서의 야망을 분리할 필요 없이 그 모두를 탐스라는 하나의 소명으로 응집할 수 있었기 때문이다. 탐스가 성공할 수 있었던 것은 블레이크 마이코스키라는 한 청년이 아르헨티나 여행을 통해 새로운 모델을 창조했기 때문이다. 이렇듯 여행은 삶의 기쁨을 주고, 우리를 또 다른 일에도 연결시켜주며, 일과 삶을 엮어 새로운 인생길로 안내해주기도 한다. 한 사람의 여행은 많은 사람들로 하여금 새로운 기부 운동에 참여케 했고, 그들에게 새로운 사명과 일상을 안겨다주었다.

제3의 공간에서 '아하'를 외쳐라

■　　　　　이러한 경험을 위해 전문 교육을 받거나 집단 상담을 떠나는 이도 있다. 이들은 여행을 포기하고서라도 이번 휴가만큼은 자기성장을 위해 무언가를 얻어내겠다는 마음을 가지고 있다. 2박3일에서 3박4일의 교육이나 상담은 분명 이런 통찰을 가져다준다. 하지만 교육이나 상담 못지않게 여행도 톡톡한 효과를 낼 수 있다는 사실을 간과하지 말아야 한다. 블레이크 마이코스키가 경험한 여행이 바로 그것이다. 아르헨티나를 생전 처음 여행하며, 신발 없이 다니는 아이들을 보며, 기부 봉사 활동을 하고 있는 사람과의 이야기를 통해 그는 전혀 새로운 소명을 만나게 되었다. '아하! 이런 방법이 있었다니!' 하는 깨달음을 얻은 것이다. 자연 앞에서의 큰 외침인 '우와'가 일상을 떠나 휴식을 즐기며 외치는 첫 소리라면, 내면의 깨달음을 표출하는 '이크'는 휴가지에서의 여유를 만끽하는 자의 외침이다. 그렇다면 '아하'는 휴식지에서 다시 일상으로 돌아오는 자의 외침이다. 교육이든 상담이든 혹은 여행이든 "아하, 이번엔 이걸 한번 해봐야지!"라고 말할 수 있다면 휴가의 목적인 재충전을 제대로 이루었다고 할 수 있지 않을까?

우리는 제3의 공간을 활용하여 일상에서도 '아하!'를 외칠 수 있다. 직장인들에게 제1의 공간은 회사다. 그리고 제2의 공간은 집이다. 우리는 이 두 공간을 왔다 갔다 하며 다람쥐 쳇바퀴 돌듯 살아간다. 제3의 공간이란 이 둘을 제외한 자기만의 공간을 의미한다. 이 말을 제대로 이해하고 비즈니스로 승화시킨 기업이 바로 스타벅스다. 스타벅스는 "우리는 제3의 공간을 당신에게 드립니다"라고 소비자들에게 말한다. 그래서 "제발 빨리 좀 나가주세요"라고 외쳐대는 경쟁 패스트푸드점들의 딱딱한 의자와 달리 고객들이 오랫동안 머물 수 있도록 의자와 인테리어를 바꾸었다. 스타벅스가 되었든, 도서관이 되었든, 찜질방이나 교외 휴양림이 되었든 일상 속에서 '아하!'를 외칠 수 있는 자기만의 제3의 공간을 오늘부터라도 한번 찾아보자. 그곳에서의 한 시간이 다른 곳에서의 열 시간보다 나음을 경험하길 간절히 소망한다.

/ 18장 /

경제적 자유

노후의 꿈에
필요한 액수에 대해

경제적 자유가 필요한 노 과장

■　　　　　30대 후반의 노 과장은 한마디로 '억척남'이다. 그는 가정 형편이 넉넉하지 않아 상고를 나와 10대 후반에 중소기업 세일즈맨으로 직장생활을 시작했다. 군대 문제를 해결하기 위해 그는 정보통신기능사 자격증을 취득했다. 열심히 공부한 덕분에 그는 방위산업체인 두 번째 회사로 옮겨갈 수 있었다. 그곳에서 직장생활을 하면서 그는 대학의 필요성을 절감했다. "회사를 그만두고 풀타임으로 대학을 다니고 싶었지만, 현실적으로는 불가능했습니다. 대안으로 방송통신대학교 경영학과에 입학했고, 그 어렵다는 4년 만의 졸업을 이루어냈습니다." 하늘은 스스로 돕는 자를 돕는다고 했

던가? 그의 열정을 눈여겨본 방송통신대학교 동문의 소개로 그는 세 번째 직장인 대기업 협력업체의 IT 영업사원으로 자리를 옮길 수 있었다.

노 과장은 방송통신대학교 시절의 공부 습관을 경매 공부에도 그대로 이어갔다. 그는 절약이 최고의 재테크라는 신념으로 담배도 하지 않고 술도 거의 하지 않으면서 억척같이 돈을 모아왔던 터였다. 그 종자돈을 바탕으로 직장동료의 도움을 받아 경매의 세계에 뛰어들었다. 그는 "위험 부담은 있었지만, 위험은 지식으로 커버할 수 있다는 동료의 이야기를 듣고 경매 서적을 열 권 이상 정독했습니다. 덕분에 영업을 하면서 때로는 휴일에도 발품을 팔면서 여기 저기 돌아다니며 목 좋은 곳에 경매로 30대 초반에 저의 첫 집을 마련할 수 있었습니다"라고 자랑스럽게 말을 이어갔다. 1가구 1주택자가 임대업을 할 때는 과세가 되지 않는다는 사실을 알고, 은행 부채를 다소 떠안긴 했지만 부모님과 합작하여 3층 다가구 주택을 매입하였다. 현재 그는 그 집의 3층에 살면서 1층과 2층은 세를 주어 지금은 월 250만 원 이상의 수익을 올리고 있다. 그는 직장인이 꿈꾸던 노후 준비를 벌써 마쳤다며 좋아했다.

최근 노 과장은 본업에서도 새로운 꿈을 이루었다. "얼마 전에 이전 회사에서 성과를 인정받아 꿈에도 그리던 현재 회사의 정식직원으로 입사를 했습니다. 협력업체 직원 중 우수 성과자들 중에서 한두 명에게 주어지는 정식직원의 기회가 있었는데, 저에게 그 기회가 온 겁니다." 그 소식을 들을 때 상고를 나와 중소기업에 첫 출근한 날,

군대 문제를 해결하기 위해 정보통신기능사 자격증을 취득한 날, 그리고 방송통신대학교를 4년 만에 졸업한 날 등이 주마등처럼 지나갔다고 했다. "깜짝쇼를 하기 위해 전화로도 알리지 않고 집에 들어갔더니 아내가 저를 꼭 껴안으며 눈물을 흘리더군요." 그간의 고생을 한꺼번에 보상받는 기분이었다고 했다.

요즘 고민은 현재의 대기업에서는 이전의 직장에서 냈던 성과에 비해 기대만큼 성과가 나오지 않는다는 것이었다. 올해 그의 매출 목표는 87억 원이다. 지금까지의 추세로 본다면 그는 목표의 약 90퍼센트를 달성할 수 있다고 했다. 무조건 100퍼센트를 해내야 하는 영업사원의 세계이기에 무조건 목표액을 채우고 싶은데 어떻게 하면 좋을지 의견을 나누고 싶다고 그는 말했다. 물론 나는 해답을 제시하지 않았다. 할 수도 없었다. 나는 그의 마음을 따라가며 질문을 던져 그가 마음을 스스로 살피도록 안내했고, 그는 목표 100퍼센트 달성을 위한 특별한 노력을 기울여보겠다고 했다.

"지금까지 20여 년의 사회생활을 통해 배웠던 것을 한마디로 표현하면 '목표한 바는 반드시 이루어야 한다'는 것입니다. 그게 직장생활에서의 영업 목표든, 공부든, 자격증이든, 재테크든 말입니다"라고 말하는 노 과장의 모습에서 나는 억척남의 열정을 느낄 수 있었다. "50세쯤 퇴직할 때는 경제적 자유를 얻어 돈 걱정 없이 제가 하고 싶은 일인 저만의 사업을 맘 편히 해보고 싶습니다"라고 말하는 그의 얼굴에는 자신감이 넘쳐흘렀다.

경제적 자유에는
얼마가 필요할까

■   노 과장의 희망처럼 직장인들의 버킷리스트에는 경제적 자유가 빠지지 않는 편이다. 경제적 자유가 무엇인지 주변의 평범한 직장인들에게 물어보았다. 주말에 가족끼리 외식을 하고, 한 달에 한 번 정도는 영화관이나 공연장에서 문화생활도 즐기고, 매년은 아니어도 2년에 한 번은 해외여행도 다니고, 퇴직 후에도 자식들에게 짐이 되지 않게 매달 생활비를 스스로 충당할 수 있는 정도라는 답이 돌아왔다. 한편 독일 출신의 세계적 투자 코치 보도 섀퍼는 경제적 자유에 이르는 3단계를 숫자로 표현했는데, 경제적 자유란 무엇인가에 대한 생각을 정리하는 데 참조할 만한 이야기다.

먼저 1단계는 경제적 에어백 단계다. 그 금액을 그는 한 달 생활비의 여섯 배 이상으로 잡았다. 에어백이라는 단어에서 연상되는 것처럼 실직 등의 경제적 사고를 당하더라도 6개월 정도 버티면서 새로이 시작할 수 있다면 1단계의 경제적 자유를 누리고 있는 셈이다.

2단계는 경제적 안정 단계다. 섀퍼는 그 금액을 한 달 생활비의 150배로 잡았는데, 이는 투자 수익률을 연 8퍼센트로 가정하고 그 수익만으로 생활비를 충당할 수 있는 금액이다.

3단계는 경제적 자유 상태다. 그가 말하는 경제적 자유란 돈 걱정 없이 자신의 꿈에 도전할 수 있는 상태다. 그 금액을 그는 꿈에 도전하는 데 필요한 월 금액의 150배로 잡았다. 투자 수익률을 연 8퍼센트로 잡고 그 수익만으로 꿈에 도전하는 데 필요한 비용을 충당할 수 있는 금액이다.

좀 더 구체적인 금액으로 현실적인 이야기를 해보자. 한 취업 포털 사이트에서 직장인 700명을 대상으로 '얼마나 돈이 많아야 부자라고 볼 수 있는가'를 조사한 결과 20.4퍼센트가 '100억 원 이상'이라고 응답했고, 30억 원 이상(19.1퍼센트), 50억 원 이상(17.7퍼센트)이 그 뒤를 이었다. 전체 응답자가 대답한 평균 액수는 45억 원이었다. 반면 '본인이 평생 얼마나 모을 수 있을 것으로 예상하는가'라는 질문에 대한 답은 평균 8억 원이었다. 이를 위한 재테크 수단은 금융상품이 50.0퍼센트로 가장 많았고, 그다음으로 주식(34.7퍼센트), 부동산(11.6퍼센트) 순이었다.

이제 두 이야기를 종합해보자. 한 달 300만 원가량의 생활비를 쓴다는 노 과장은 경제적 자유를 누리는 부자일까? 보도 섀퍼의 주장에 따르면 한 달 생활비의 여섯 배인 1,800만 원의 여유 자금이 있다면 그는 1단계를 통과한 셈이다. 또 부동산을 제외하고 한 달 생활비의 150배인 4억 5,000만 원의 여유 자금을 확보했다면 2단계도 통과했다고 할 수 있다. 꿈에 도전하는 데 필요한 월 금액을 3,000만 원으로 가정하면, 45억 원의 여유 자금이 있을 때 3단계의 자유도 누리고 있다고 할 수 있다. 정리하자면, 45억 원이라는 돈은 마지막 단계의 꿈과 같은 개념이다. 나는 2단계 상태에 있는 부자가 직장인들이 생각하는 현실에 가깝다고 생각한다. 4억 5,000만 원의 여유 자금에 부동산과 기타 자산 3억 5,000만 원 정도를 모은다면 평생 모을 수 있는 돈 8억 원 정도가 되니 말이다.

사람들에게 경제적 자유는 단순히 돈의 문제가 아니다. 경제적 자유 혹은 부자가 된다는 것은 인생의 꿈과 관련되어 있다. 단순히 일을 하지 않고 충분히 먹고살 수 있다는 것만으로는 경제적 자유를 다 설명할 수 없다. 하루 이틀이면 몰라도 계속해서 일을 하지 않고 살 수는 없다. 좀 더 적극적으로는 자신이 하고 싶은 일을 마음껏 하려는 것이 경제적 자유를 얻거나 부자가 되고 싶어 하는 이유다. 그렇기에 경제적 자유는 억지로 하는 일은 더 이상 하지 않고, 하고 싶은 일은 마음껏 한다는 심리적 자유를 내포한다 할 수 있다. 그렇다면 이런 생각은 어떤가? '경제적 자유를 얻고 부자가 되면 나는 하고 싶은 일을 마음껏 할 수 있어'가 아니라 '지금부터 하고 싶은 일을 시작한다면 나는 이미 경제적 자유를 누리는 부자가 아닐까?' 여기 그 한 사람을 소개하고자 한다.

이공계 직장인 출신의
과학 칼럼니스트

■   지식융합연구소장이라는 간판을 달고 과학 칼럼니스트로 활동하는 이인식 씨가 있다. 어떤 이는 그를 잡학의 대가라 부른다. 과학의 온갖 분야를 섭렵하지만 관련 분야 석사나 박사 학위는 없다. 그는 회사에서 아주 잘나가는 직장인이었다. 지금은 SK하

이닉스가 된 금성반도체에서 최연소로 부장에 올랐고, 이후 다른 회사로 스카우트되어 30대 후반에 임원을 달았다. 그는 회사에 다니면서 자신이 좋아하는 글도 줄곧 썼다. 전자공학을 전공했고, IT 업체에 근무한다는 전문성을 살려 컴퓨터 관련 잡지에 짬짬이 IT 칼럼을 썼다. 당시 컴퓨터 잡지 쪽에서는 그래도 제법 알아주는 필자로 활동했다.

'태어나서 해보고 싶은 것은 한번 해보자'는 자유에 대한 갈망으로 그는 과감하게 사표를 냈다. 그리고 《정보기술》이라는 과학 잡지를 만들어 발행인 겸 편집인이 되었다. 퇴직금에 빌린 돈까지 털어넣었다. 새로운 트렌드의 IT 잡지를 만들어보고 싶었지만, 그의 도전은 참담한 실패로 끝나버렸다. 1년 반 만에 폐간 신고를 했다. 그가 회사를 나오면서 목표한 바는 두 가지였다. 하나는 새로운 콘셉트의 과학 잡지를 만드는 것이었고, 또 다른 하나는 과학 관련 글을 마음껏 쓰는 것이었다. 그는 이렇게 마음을 정리했다. "두 가지 목표가 있었지만 잡지만 실패한 것이다. 과학 관련 글을 마음껏 쓰려는 목표는 여전히 유효하다. 제대로 된 글쓰기를 한번 해보자." 다른 회사에 들어가는 길도 있었고 IT 관련 창업을 할 수도 있었지만 그는 과학 글쟁이로 승부를 내기로 결심했다.

그는 자신에게 주어진 24시간의 자유 시간을 스스로 통제했다. 고시생들이 다니는 독서실에 등록해 자발적으로 감옥 생활을 시작한 것이다. 마치 수험생이 된 것처럼 과학 공부와 글쓰기 훈련에 들어갔다. 그렇게 거의 3년의 시간을 투자해서 과학 전반을 훑어볼 수 있는 안목을 가지게 되었다. 대학 교수가 아니기에 그가 가야 할 길은 분명했다. 대중이 읽고 싶어 하는 주제를 찾아내는 저널리즘 감각을 무기로 갖춰 재미와 정보를 함께 주는 과학 칼럼이었다.

내용을 정하고 나니 형식이 문제가 되었다. 당시 신문에 게재되는 과학 칼럼들은 원고지 5~7매 분량의 아주 짧은 글이 대부분이었다. 하지만 이 분량으로는 그가 말하고 싶은 내용을 충분히 전할 수가 없었다. 그는 '대중적 노출도는 신문보다 떨어지지만 더욱 깊이 그리고 자세하게 과학을 이야기할 수 있는 잡지 쪽에 글을 실으면 어떨까?' 하는 생각에 잡지 기고에 도전해보기로 했다. 탄탄히 쌓아온 실력을 바탕으로 그는 잡지에 원고지 35매 분량의 글을 싣기 시작했다. 이렇게 쓴 글을 모아 낸 것이 그의 출세작 『아주 특별한 과학 에세이』다. 과학자의 언어가 아닌 대중의 언어로 콕콕 집어 말하는 설명에 목말랐던 대중은 그에게 '과학 칼럼니스트'라는 호칭을 붙여주며 그를 대환영했다.

큰 조직의 소모품이 되는 대신 자신이 하고 싶었던 글쓰기를 자유롭게 해보고 싶다는 마음에서 출발한 지 20여 년이 지난 지금 그의 꿈은 이루어진 셈이다. 그의 주 수입은 인세, 원고료, 그리고 강연료 등이 되었기 때문이다. 또 자기 이름 석 자로 과학 분야 글쓰기의 브랜드가 되었으니 말이다. 그는 한 인터뷰에서 "연봉 1억 받던 친구들은 지금 다 은퇴하고 놉니다. 지금은 다 저를 부러워하고 있어요. 자신이 하고 싶은 분야에서 꾸준히 내공을 쌓으면 언젠가 한 번은 찬스가 오지 않을까요?"라며 자유를 선택하려는 후배들을 응원하고 있다. 하고 싶은 일을 마음껏 해보겠다는 심리적 자유를 선택한 그는 이제 경제적 자유에까지 다다른 셈이다.

이인식 씨의 이야기는 심리적 자유와 경제적 자유를 경험하면서 부자로 산다는 것에 대한 단초를 제공한다. 그렇다면 우리는 무엇을 어떻게 준비해야 경제적 자유를 누릴 수 있는 것일까?

원칙 투자로 준비하라

■   경제 전문가들이 하나같이 강조하는 자산 투자 원칙이 몇 가지 있다. '재테크가 아니라 재무 설계가 먼저다'라는 말은 방법을 고민하기 전에 목적을 분명히 하라는 말이다. '목돈 마련을 위한 투자는 최소 3년 혹은 5년 이상 하라.' 혹은 '퇴직 시점의 부동산과 금융 자산의 비율은 5:5 이상이어야 한다'라는 말도 투자의 기간이나 투자 대상에 대한 원칙을 세울 때 되새겨볼 만한 원칙들이다. 또 주변에서 투자 좀 한다는 지인들의 이야기를 들어보면 그들 나름의 원칙이 있다. 지수에 투자하는 지인은 6~8퍼센트의 수익이 나면 현금화한다는 원칙이 있고, 직접 주식에 투자하는 지인은 빌린 돈이나 남의 돈이 아닌 자기가 가진 여윳돈으로 투자한다는 원칙을 세우고 있었다.

자산 투자 원칙처럼 우리의 일과 삶도 투자라는 관점에서 기본 원칙을 재점검할 필요가 있다. 이인식 씨의 경우를 보자. 그는 퇴직 후 잡지사 창업에 실패하고 말았다. 아픈 마음을 다잡아준 것은 퇴직 전에 세워둔 원칙이었다. '잡지 부분에서 실패하더라도 과학 관련 글을 마음껏 쓰는 목표는 여전히 유효하다.' 이 원칙에 따라 그는 두려워하지 않고 다시 도전할 수 있었다. 글쓰기를 할 때도 마찬가지였다. 당시 신문에 게재되는 과학 칼럼들은 원고지 5~7매 분량의 아주 짧은 글이었지만, 그는 자신만의 글쓰기 스타일에 맞추어 35매의 잡지 글을 써내려갔다.

　그렇다. 무엇이든 목표를 세우고 실행하다 보면 성공을 맛보게 된다. 하지만 어떤 성공을 맛보느냐는 자신이 세운 원칙에 따라 달라진다. 무작정 실행해서는 우연한 성공 혹은 우연한 실패를 거두게 된다. 원칙이 있는 실행이어야 계획된 성공을 얻을 수 있다. '돈을 적게 벌더라도 하고 싶은 일을 한다' '지금 하고 있는 일을 즐긴다' 혹은 '퇴직 전에 나만의 일을 하나 만든다'처럼 자기만의 원칙을 세워두자. 실행에 앞서 그대는 어떤 원칙을 세워두고 있는가?

장기 투자로 시작하라

■　　　　　경제적 자유를 위해 달려 나갈 때 가장 먼저 고려해야 할 사항은 '얼마나 오랫동안 달릴 수 있는가?'다. 그런가 하면 전문가들이 추천하는 가장 확실한 투자 방법은 가급적 빨리 시작하는 것이다. 빨리 시작하라는 말은 결국 더 오랜 시간 '장기 투자'하라

는 말이다. 장기 투자란 시장이 저평가하고 있는 상품이나 기업에 대해 일정 기간 이상 투자하여 발생되는 수익을 노리는 것을 말한다. 이는 해당 상품이나 기업이 장기적으로 성장할 수 있을 것이라는 전제하에 이루어진다. 정리하면 장기간의 성장, 저평가, 일정 기간 이상이라는 세 가지 전제 조건이 가정된 투자법이다. 워런 버핏이 투자의 귀재로 존경받는 이유는 두 가지다. 하나는 결국에는 성장하게 될 저평가된 기업을 선택하는 그의 선구안이다. 또한 성과가 없는 오랜 시간을 참고 또 참는 인내심이다. 사람들은 선구안과 인내심이라는 그의 비결에 박수를 보내는 셈이다. '투자의 기본은 분산 투자다, 간접 투자다, 혹은 펀드 투자다'처럼 전문가들이 제각각 여러 목소리를 내지만, 그중 제일은 장기 투자라고 감히 말하고 싶다.

장기 투자를 쉬운 말로 번역하면 시간 투자다. 이인식 씨의 일과 삶의 성공도 평생에 걸쳐 원했던 일인 글쓰기에 대한 20년 이상의 시간 투자에서 비롯된 것이라 할 수 있다. 커리어든 재테크든 직장인들이 할 수 있는 가장 효과적인 투자는 시간 투자다. 아니, 직장인들은 시간밖에 투자할 것이 없다. 이런 점에서 '평생 현업으로 일하는 것이 최고의 재테크다'라는 말을 곰곰이 되새겨볼 필요도 있다. 한 사람이 퇴직 전까지 챙길 수 있는 총 연봉은 평균 연봉에 근무연수를 곱한 값이다. 평균 연봉을 높이는 일도 중요하지만, 근무연수를 늘리는 일도 동일하게 중요한 셈이다. 이인식 씨처럼 퇴직이 곧 은퇴가 되지 않도록 퇴직 이후에도 자신이 하고 싶은 일을 마음껏 할 수 있는 장치를 만드는 것, 이것이 경제적 자유에 이르는 길이 아니겠는가? 이 같은 경제적 자유는 오랜 시간의 준비를 필요로 한다. 대부분의 사람들이 커리어든 재테크든 인생의 투자에 실패하는 것은 저평가된 곳에 오랜 시간 투자하지 못하기 때문이다. 저평가된 자기 자신에게 오랜 시간을 투자하는 장기 투자가 인생 투자의 기본이 아닐까?

적립 투자를 지속하라

■　　　　　이인식 씨의 성공의 핵심은 자신에게 주어진 24시간의 자유 시간을 스스로 꾸준히 통제했다는 점이다. IMF 사태로 힘든 시간을 보낼 때도 그는 매일 오전 아홉 시부터 오후 여섯 시까지 독서실로 출근하며 성공을 위한 자산을 쌓아갔다. 어제도 그리고 오늘도 그렇게 하루하루를 살았다는 말이다. 이를 재테크에 빗대 말하면 적립 투자라 할 수 있다. 쉽게 말해 '오늘도 투자를 계속하고 있는가?'라는 말이다. 매월 50만 원씩 투자하기로 했다면 어떤 일이 있어도 달마다 50만 원을 투자해야 지속적인 성과를 낼 수 있다. '이번 달은 형편이 어려우니 다음 달부터 다시 하자'는 것은 패자의 생각이다. 같은 상황에서도 이렇게 말할 수 있다. '이번 달은 어려우니 이번 달에는 더욱 허리띠를 졸라매자.' 이것이 승자의 언어다. 그래서 내일은 패자의 언어고, 오늘은 승자의 언어가 된다.

승자들은 성공을 거듭하다 보면 '오늘은 이 정도만 하자'고 넘어가려는 유혹에 빠질 수 있다. 반대로 패자들은 계속되는 실패에 시달리다 보면 '오늘도 안 되는구나'라며 스스로 포기할 수도 있다. 하지만 기억해야 한다. 어제의 성공과 실패에 상관없이 오늘 하루도 지속적으로 노력하고자 하는 '지금 여기'의 마음이 중요하다. 원칙을 세워두었던 것, 그리고 장기적인 계획을 세워두었던 것을 이루기 위해 오늘 하루도 적립 투자해야 경제적 자유에 이르는 프로세스를 완성할 수 있을 것이다. 목표한 바를 이루겠다는 마음에 실행을 더해야 성과가 나오는 것처럼 말이다. 그대는 오늘도 적립 투자를 하고 있는가?

원하는 삶이 어떻게 일이 되는가

초판 1쇄 인쇄 2015년 9월 10일
초판 1쇄 발행 2015년 9월 16일

지은이 정연식 | **펴낸이** 신경렬 | **펴낸곳** (주)더난콘텐츠그룹

기획편집부 남은영 · 민기범 · 허승 · 이성빈 · 이서하
디자인 박현정 · 김희연
마케팅 홍영기 · 서영호 · 박휘민 | **디지털콘텐츠** 민기범
관리 김태희 · 김이슬 | **제작** 유수경 | **물류** 박진철 · 윤기남
책임편집 이성빈

출판등록 2011년 6월 2일 제2011-000158호
주소 121-840 서울특별시 마포구 양화로 10길 19, 상록빌딩 402호
전화 (02)325-2525 | **팩스** (02)325-9007
이메일 book@thenanbiz.com | **홈페이지** http://www.thenanbiz.com

ISBN 978-89-8405-820-0 03320